내 안에
숨어 계신
하느님

CENTERING PRAYER

내 안에 숨어 계신 하느님

2006년 3월 9일 교회 인가
2006년 8월 31일 초판 1쇄 펴냄
2024년 7월 31일 초판 9쇄 펴냄

지은이 · 토마스 키팅
옮긴이 · 한국 관상지원단
펴낸이 · 정순택
펴낸곳 · 가톨릭출판사
편집 겸 인쇄인 · 김대영
편집 · 김소정, 강서윤, 김지영, 박다솜
디자인 · 이경숙, 강해인, 송현철, 정호진
마케팅 · 안효진, 황희진

본사 · 서울특별시 중구 중림로 27
등록 · 1958. 1. 16. 제2-314호
전자우편 · edit@catholicbook.kr
전화 · 1544-1886(대표 번호)
지로번호 · 3000997

ISBN 978-89-321-0941-1 03230

값 12,000원

성경 ⓒ 한국천주교중앙협의회, 2005

이 책의 한국어 출판권은 (재)천주교서울대교구 가톨릭출판사에 있습니다.
저작권법에 의해 한국 내에서 보호를 받는 저작물이므로 무단 전재와 무단 복제를 금합니다.

가톨릭의 모든 도서와 성물을 '가톨릭출판사 인터넷쇼핑몰'에서 만나 보실 수 있습니다.
http://www.catholicbook.kr | (02)6365-1888(구입 문의)

내 안에 숨어 계신 하느님

CENTERING PRAYER

토마스 키팅 지음
한국 관상지원단 옮김

가톨릭출판사

Centering Prayer

-Six Follow Up Sessions Following An Introductory Workshop On Centering Prayer taught by Fr. Thomas Keating

Original Copyright ⓒ 2003 by St. Benedict's Monastery, Snowmass, CO

Korean Copyright ⓒ 2006 by Catholic Publishing House, Seoul, Korea

차 례

1. 골방 기도(숨어서 드리는 기도) ‖ 7

2. 향심 기도 훈련 ‖ 24

3. 향심 기도가 아닌 것과 향심 기도인 것 ‖ 42

4. 향심 기도의 기본 원칙 ‖ 61

5. 향심 기도 방법(1) ‖ 79

6. 향심 기도 방법(2) ‖ 98

1. 골방 기도
(숨어서 드리는 기도)

어디에서 유래한 것인가?

이 기도는 어디에서 유래한 것인가? 성경의 어떤 내용에 근거한 것인가? 예수님께서 우리에게 주신 기도 방법에 대한 훌륭한 가르침이 마태오 복음 6장의 산상 설교에서 제시되고 있다. "너는 기도할 때 골방에 들어가 문을 닫은 다음, 숨어 계신 네 아버지께 기도하라. 그러면 숨은 일도 보시는 네 아버지께서 너에게 갚아주실 것이다"(마태 6,6).

하느님과의 새로운 관계

이 기도의 목적은 우리를 하느님과의 새로운 관계로 인도하는 것이다. 예수님 시대에는 '하느님'이라는 단어를 결코 입 밖에 내지 못했다. 히브리 종교인들은 하느님을 아주 엄하신 분이라고 여겨 '하느님'이라고 말하는 것은 주님께 무례한 행위를 하는 것이라고 이해했다. 그래서 누가 이 하느님 이름을 무심코 입 밖에 내기만 해도 곤경을 치러야 했다. 쿰란 사해 문서에는 공동체의 일원이 하느님 이름을 무심코 입에 올리기만 해도 공동체에서 쫓겨난다는 대목이 있다.

이처럼 하느님 이름에 대한 깊은 공경심 때문에 이 이름은 함부로 기록되거나 불릴 수 없도록 금지되었다. 그런데 예수님께서 이 세상에 오시어 하느님을 압바라고 부르심으로써 그런 고정관념을 무너뜨리셨다. 예수님께서는 이 단어를 하느님께 대한 호칭뿐만 아니라 아주 친밀하고 개인적이며 애정 깊은 부모를 대하는 말로 사용하셨다. 압바는 각 나라의 문화에 따른, 아버지에 대한 대중적인 호칭으로 아빠에 해당하는 말이다.

완전히 새로운 개념

예수님께서 실제로 이루신 일은 하느님을 부르는 사회 통념적 방식과 관습을 완전히 뒤엎으시고 그 누구도 감히 발설할 수 없었던 거룩하고 경이로운 이 신비에 대해 완전히 새로운 개념과 생각을 우리에게 주신 것이다. 예수님께서 "너는 기도할 때, 골방에 들어가 문을 닫은 다음, 숨어 계신 네 아버지께 기도하라"고 하신 말씀은 그 골방 안에서 우리와 하느님 사이에 이미 존재하고 있는 엄청난 친밀을 암시하고 있다.

골방이란

이곳은 친밀하고 가까우며 온유하고 다정한, 궁극적 신비의 현존이신 하느님께서 계시는 곳이다. 그래서 골방으로 들어간다는 것은 궁극적 신비의 현존에 접근하는 방법이다.

이 골방에서는 구약 시대처럼 하느님을 두려워하거나, 하느님께 공포심을 느끼거나, 너무 무서운 나머지 하느님에 대한 경외심과 두려움으로 가득 찬 그런 관계(머리를 매만지거나, 옷차림이 단정치 못하다거나, 아주 작은 실수를 하는 것도 조심스러워하는 그러한 관계)는 순식간에 사라진다. 그 대신 이제 압바이신 하느님과의 관계는 아주 편안하고 친밀한 상태가 된다. 이렇게 골방에 들어가 문을 닫고 숨어서 기도하는 것은 세 단계의 과정으로 제시된다.

골방에 들어가는 세 단계

일상적인 일과 주변 환경이 떠나가도록 놓아두기

첫 번째 단계에서 우리는 일상적인 일과 주변 환경과 그 안에 있는 모든 사람들이 떠나가도록 놓아둔다. 다시 말하면 우리의 일상적인 인식과 중대한 관심사들을 뛰어넘어서 우리 심령의 내밀한 곳, 즉 우리 존재의 영적 수준으로 들어가는 것을 뜻한다. 그러므로 골방이란 '우리의 내밀한 방'으로 해석될 수 있는데, 이것은 곧 우리의 일상적인 심리적 기능들 너머에 존재하는 내밀한 공간을 말하며, 예수님께서는 아버지, 압바께서 바로 그곳에 현존해 계시며 거기서 우리를 기다리고 계시다고, 그러나 은밀히 숨어 계시다고 말씀하신다.

문을 닫는다

숨어 계시는 하느님을 찾는 길은 또한 숨는 장소로 들어가는 것이다. 우리 안에 있는 그 숨는 장소는 우리 존재의 영적 수준을 말한다. 이곳은 바로 우리의 직관적 기능들과 수동 지성 그리고 하느님을 향한 우리의 의지가 활동을 하는 곳이다. 그래서 우리가 기도하기로 결심하면 우리는 자신의 내면으로 들어간다.

좀 더 세부적으로 살펴보자. 문을 닫는다. 그리고 외적인 일들과 일체의 주변 환경을 밖에 내버려둔다. 그뿐만 아니라 내적 대화까지도 밖에 내버려둔다. 이러한 내적 대화 같은 종류의 생각은 매우 자주 일어나는 것으로서 예를 들면, '그 사람에게 무슨 말을 해줄까?', '어떻게 화풀이를 하지?', '상사에게 무슨 말을 할까? 아이들에게는? 아내에게는? 남편에게는? 대통령에게는 무슨 말을 할까?' 등과 같은 것들이다.

점점 더 숨어서 기도한다

달리 말해 우리가 문을 닫을 때 밖에 남겨두는 것은 바로 내적 대화, 즉 끊임없이 생겨나는 자신과의 모든 대화를 말한다. 다시 말해서 우리가 흔히 하게 되는 심리적 상상, 중대한 관심사, 합리화, 정당화 등에 장막을 치는 것이다. 이렇게 함으로써 이 골방은 점점 더 깊이 숨는 곳이 된다. 그리고 마지막으로 우리가 가장 완전하게 숨게 되는 때는 우리 자신에 대한 생각조차도 그만둘 때이다. 즉, '내가 이 기도를 잘 하고 있을까?', '하느님은 어디에 계실까?', '정말 평화로운 걸!' 등과 같은 잡다한 생각들을 중단할 때이다. 말하자면 우리는 문을 닫을 때, 혹은 빗장을 걸 때 모든 형태의 자기 성찰도 밖에 내버려둔다는 것이다.

다시 문을 닫는다

그러므로 여러분이 일상적인 생각, 중대한 관심사, 내적 대화로 되돌아가게 되면 이는 마치 기도하다 말고 일어나서 문을 열고 밖으로 나가는 것과 같다. 만일 그렇게 했다면 반드시 처음부터 모든 과정을 반복해야만 한다. 그러므로 골방, 즉 여러분의 내밀한 방으로 되돌아가라. 그리고 다시 문을 닫아라. 그래서 모든 잡다한 생각들이 떠나가도록 놓아두고 여러분의 압바께, 여러분의 친밀하고 신비한 현존, 이 은밀한 현존, 이 숨어 계신 현존께 기도하라. 여러분은 일체의 외부 세계와 내부 세계로부터, 그리고 모든 자기 성찰로부터 숨어서 기도해야 한다.

골방에서 무엇을 청하는지 어떻게 아는가?

예수님께서는 이런 식으로 골방에서 기도가 어떻게 진행되어야 하는지 알려주셨다. 여러분은 또 다음과 같이 질문할 수도 있다. "골방에서 무엇을 청하는지 어떻게 아는가?" 문을 닫으면 우리는 아무 말없이 아버지, 압바께서 우리의 말이 아니라 우리 마음에 귀를 기울이신다는 것을 알면서 기도하게 된다. 예수님께서는 산상 설교에서 우리 존재의 가장 깊은 곳에 계시는 압바와의 심오한 관계 안에서 무엇을 청해야 할지 알려주고 계신다. 여기서 예수님은 우리 생각이나 중대한 관심사를 따를 필요가 없거나, 외적 소음에 신경 쓸 필요가 없는 내면의 자유를 가지고 기도하라고 권고하신다.

내적 침묵의 발전

내적 침묵으로 발전시키는 데는 고독과 침묵이 아주 큰 도움이 된다. 그러나 일단 내적 침묵이 우리 안에 자리 잡게 되면 우리는 그것을 어떠한 활동 속으로도 가지고 갈 수 있다. 따라서 시끄러운 소음과 활동이 있는 장소에서도, 심지어 일상의 직무에서 요청되는 사고 작용과 정신 작용이 수반되는 활동 속에서도 우리는 여전히 같은 침묵 속에 있음을 알게 된다. 그래서 우리는 언제나 골방에 들어갈 수 있다. 골방은 우리 안에 있고, 바로 그곳이 언제나 압바와의 만남이 이루어지는 장소이기 때문이다. 이 기도를 통해서 하느님 현존은 점점 습관화되어 기도하는 동안뿐만 아니라, 모든 일상생활에도 동반할 수 있게 된다. 이런 식으로 우리 활동은 중심으로부터, 즉 그 중심의 작용으로부터, 이 포근한 아버지, 압바의 사랑과 애정과 현존으로부터 나오게 된다. 우리는 정규적으로 향심 기도를 수련하면서 이것을 알기 시작한다.

무엇을 청할 것인가?

그러면 우리는 무엇을 위해 기도해야 하는가? 예수님께서는 더 나아가 이러한 예를 들어 말씀하셨다. "너희 가운데 아들이 빵을 청하는데 돌을 줄 사람이 어디 있겠느냐?"(마태 7,9) 여러분이 부모라면 "저는 안 그럴 겁니다"라고 즉시 말할 것이다. 그분께서는 이어 "생선을 청하는데 뱀을 줄 사람이 어디 있겠느냐?"(마태 7,10)라고, 또 "달걀을 청하는데 전갈을 주겠느냐?"(루카 11,12)라고 말씀하셨다.

그 지역의 빵은 약간 돌같이 생겼다. 또한 요즘의 피자처럼 납작했다.

그리고 갈릴리 호수에는 뱀장어같이 생긴 생선이 있었다. 그래서 예를 들어 상상컨대, 어떤 못된 부모라면 "그래 애야, 빵을 달라고 그랬지? 이걸 먹어 보렴" 하면서 돌을 주거나, 자녀가 생선을 달라고 할 때 "자 그래, 여기 맛있는 독사가 맘에 드는지 보렴" 하고 말할지도 모른다.

그리고 예수님께서는 "너희가 한계를 지닌 인간이면서도, 자기 자녀에게 좋은 것을 줄 줄 알거든, 하물며 아빠, 아버지께서야 청하는 사람에게 더 좋은 것, 곧 성령을 주시지 않겠느냐?"고 하신다. 성령은 아버지와 아드님께서 주시는 최고의 선물이다. 성령은 삼위일체에서 사랑의 위격이다. 말하자면 성령은 삼위일체 영성의 정수인 위격이라 할 수 있다. 여기서 삼위일체는 전적으로 자신을 내어주시는, 즉 하나에서 다른 하나로 스스로를 무한히 내어주시는 무조건적 사랑이며, 무소유의, 보상을 바라지 않는 순전한 선이시며, 본성상 스스로를 내어주시는 분이시다.

다른 것을 청할 필요가 없다

이것이 바로 우리가 골방에 들어가 문을 닫고, 말로써가 아니라 하느님께서 우리 안에 현존하시고 활동하심에 단순히 동의한다는 지향으로 기도할 때 우리가 청하게 되는 선물(성령)이다. 그러므로 이 기도 중에는 다른 어떤 것도 청할 필요가 없다. 왜냐하면 만일 우리가 아버지와 아들의 최상의 선물인 성령을 받으면 다른 모든 것이 더불어 따라오기 때문이다.

그러므로 향심 기도를 하는 시간에는 특별히 다른 그 무엇을 위해서 기도하지 않는다. 왜냐하면 우리가 기도하기 위해서 앉아 있다는 사실 자체가 우리가 하느님께 청하기를 바라는 그 모든 것(그분께서 주실 수 있는 모든 것)

을 위한 기도이기 때문이다. 따라서 우리는 마음을 편히 가져도 된다. 그저 하느님과 함께 하는 것이 모든 이들과 함께하는 것이고 모든 이들의 필요와 함께하는 것이다. 바로 그것이 아빠가 계시며, 아빠의 관심이 있다는 것을 말해주기 때문이다.

관상 기도로의 초대

여러분은 "우리가 관상 기도로 초대받았다는 것을 어떻게 알 수 있는가?" 하는 또 다른 의문을 제기할 수도 있다. 세례 그 자체가 관상 기도로의 초대이다. 세례를 받음으로써, 혹은 세례를 받고자 하는 열망을 지니거나, 어쩌면 심지어 하느님에 대하여 어떤 특정한 형태의 신앙을 갖기 전에라도 침묵과 고독에 대한 열망을 지니는 것, 이 모든 표지가 하느님 생명으로 들어오라는 특별한 초대장이며, 실제로 바로 이것이 관상이다.

사랑의 흐름

관상 기도는 일상적인 기능들을 넘어서서 하느님과의 더 깊은 친밀로 향하도록 관계를 진전시켜가는 과정이다. 이 깊은 친밀은 우리로 하여금 하느님 생명과 접촉하도록 할 뿐만 아니라 하느님 사랑의 흐름을 체험하도록 이끈다. 이 사랑의 흐름은 하느님에게서 영원히 흘러나오기 때문에, 우리가 그 흐름에 들어가려는 모험을 감행하기만 하면 금세 그 흐름 속에 들어가게 된다. 결국 그 흐름이 다시 우리를 하느님 품 안으로 데려간다.

예수님의 부르심

예수님께서 우리에게 "나를 따르라"고 초대하고 계심을 기억하라. "나를 따르라"는 초대는 예루살렘으로, 십자가의 희생과 죽음으로까지 "나를 따르라"는 뜻이며, 마침내는 하느님 아버지의 품 안으로 "따르라"는 뜻이다. 우리가 그리스도를 따르는 여러 가지 단계는 이 세상 삶에서 시작되는데, 여기서 미리 이를 맛보게 된다. 즉, 그리스도의 수난과 죽음을 나눠 갖는 고통과 하느님 현존을 체험하는 기쁨과 영광 모두에 해당하는 것으로, 이는 내적 부활을 통해 미래의 부활을 앞당겨 체험하는 것이다.

세상에 대해서 문을 닫는 것이 아니다

그러므로 향심 기도는 어떻게 기도해야 하는가에 대한 예수님의 권고와 지혜의 말씀을 이행하는 실제적인 방법이다. 이것은 골방에 들어가서 문을 닫는 능력에 한 단계씩 우리 자신이 동화되어가는 방법을 따르거나 그 방법을 실천하도록 하는 것이다.

문을 닫는다는 의미는 세상에 대해서, 그리고 다른 사람의 요구에 대해서가 아니라 세상에 대한 집착에 대해서 문을 닫는 것이다. 향심 기도는 우리를 하느님 현존의 신비에 민감하게 만드는 내적 침묵 안에서 그리스도와 함께하고 하느님과 함께 하는 능력에 한 단계씩 우리 자신이 동화되어가는 방법을 따르거나 실천하도록 하는 것이다.

침묵 속에서 말씀을 듣는다

십자가의 성 요한은 "아버지께서는 영원으로부터 한 말씀을 하셨고, 그 말씀을 영원한 침묵 속에서 하셨다. 그리고 우리가 그 말씀을 듣는 것은 침묵 속에서이다"라고 말했다. 이것은 우리 안에 내주하시는 성령과 압바의 현존과 활동에 대해서 아주 깊은 수준의 감수성을 가지고 귀기울이라는 초대다. 그리고 이 과정은 어떠한 전통 안에서든지 영적 여정이 그 기초를 두고 있는 최우선의 원칙이 궁극적 실재의 현존이라는 점을 되새겨준다. 그리스도교 전통은 그 궁극적 실재를 우리 안에 현존해 계시는 가장 거룩하신 삼위라 부른다.

그분은 이미 여기에 계신다

그렇다면 우리는 하느님을 찾기 위해 다른 곳으로 갈 필요가 없다. 왜냐하면 그분은 이미 이곳에 계시기 때문이다. 문제는 우리가 하느님 말씀을 듣는 데에 장애가 되는 것들이 떠나가도록 놓아둠으로써 그 현존을 조금씩 더 깨달아 그 현존 속으로 더욱 깊이 참여해 들어가느냐 그렇지 않느냐 하는 것이다. 하느님 말씀은 밖으로부터는 성경을 통하여 우리에게 전해지며, 성경과 성사들 안에 계신 하느님 말씀의 결과로 그 말씀은 또한 우리 안으로부터 샘솟는다(*역주:『하느님과의 친밀』제13장에서 토마스 키팅 신부는 하느님의 '외적인 말씀'과 '내적인 말씀'이 서로 상반되지 아니하고, 상호 확인시켜주고 강화시켜준다는 점을 설명하고 있다). 참으로 더욱 깊은 수준에서 하느님께서 현존하시는 것 그리고 하느님의 현존이 우리 모든 기능들 안으로, 심지어 우리

육신의 세포 하나 하나에 이르기까지 스며들게 되는 바로 그것이 그리스도인 변형의 핵심적 내용이다.

예수님 말씀(마태 6.6)에 대한 한 가지 해석

따라서 골방에 들어간다는 것은 어떻게 기도해야 하는지에 대해 예수님께서 제시해주신 방법이며, 향심 기도는 이 말씀에 대한 한 가지 해석일 뿐이다. 이것은 무엇이든지 '어떻게 해야 하는가'에 대한 설명을 듣고 싶어 하는 현대인들에게 '어떻게 해야 하는가' 하는 방법을 제시해주는 것이다.

현대 사회에서는 계란을 요리하고, 타이어를 바꾸고, 컴퓨터를 사용하고, 약을 복용하는 것 등 모든 것이 각기 방법을 가지고 있다. 향심 기도는 단지 한 가지 방법이며, 오늘날 그런 종류의 기도를 표현하고 그 안으로 들어가도록 제시하는 방법들은 초기 그리스도교 시대부터 여러 가지가 전해져 내려오고 있으며, 이것들은 서로 다른 이름으로 불리고 있다. 예를 들면 믿음의 기도가 있는데, 우리는 향심 기도를 그렇게 부를 수 있다.

유일한 차이는 방법

유일한 차이점은 우리가 이러한 과정을 적용하는 방법이다. 위에서 본 성경 말씀에서 골방은 실은 포괄적인 용어이다. 혹은 하나의 패러다임으로서 그리스도교 전통에서 나타났던 그 모든 방법들은 세기와 시기와 시대와 환경에 따라 적절하게 생겨나고 표현되었다. 그리고 향심 기도는 단지 그 기도를 표현하기 위해서 조심스럽게 적용시킨 하나의 방법일 뿐이다.

단순한 기도

그리스도교 전통 안에서 우리는 그러한 기도를 다른 이름으로도 부르는 것을 볼 수 있다. 예를 들면, '단순한 바라봄의 기도'로, 이것은 하느님께서 언제나 우리를 사랑으로 바라보고 계시며, 당신의 자비로운 현존으로 우리를 감싸고 계시다는 것을 강조하고 있다. 그리고 다른 이름으로는 '단순성의 기도'가 있는데, 이것은 우리의 모든 생각과 특정 의지가 담긴 행위를 줄이는 것을 뜻하며, 이 모든 것들은 숨어서 기도하는 것에 해당된다.

향심 기도는 아마도 가장 수용적인 방법일 것이다. 왜냐하면 이것은 하느님 현존 안에 있으면서, 그분이 우리 안에서 사랑으로 행하시는 활동에 대하여 우리 자신을 열어드리겠다는 지향을 유지하는 것 말고는 우리 편에서 어떠한 노력도 하지 않기 때문이다.

역동적인 현존

우리는 하느님 현존과 활동에 동의한다는 점에 주목해야 한다. 우리는 가만히 우리 안에 머무르시면서 공경받으시는 현존을 받아들일 뿐만 아니라, 말이 아닌 침묵이라는 비상한 하느님 언어로써 우리에게 이야기하시는 역동적인 현존도 받아들인다. 하느님의 첫 번째 언어는 침묵이며, 그 외의 모든 언어는 잘못된 번역이다.

그러므로 하느님 말씀을 가장 깊은 수준에서 듣는다는 것은 가장 깊은 침묵의 수준에서 듣는다는 것이다. 가장 깊은 침묵의 수준에서 우리 마음은 온전히 하느님께 열려 있고 우리 정신은 어떤 구체적인 내용에 주의를 기울이는 것이 아니라, 단순히 믿음으로 하느님의 사랑스런 현존(구체적이지도 않고 뚜렷하지도 않은, 사랑이 충만한 하느님의 현존)에 주의를 기울인다. 그 믿음은 이 골방, 향심 기도 중에 우리가 계발하는 우리 존재의 영적인 수준[*역주; 우리가 영적인 수준을 계발한다는 것(the spiritual level of our being which we are cultivating)은 다음과 같다. 즉 영적인 수준에서 우리는 믿음과 희망과 사랑을 점점 키워나간다. 영적인 수준에 함께 혼합되어 있는 거짓 자아를 점점 제거해나간다. 그리고 향심 기도 훈련에서 생각에 집착하지 않는 훈련을 통해 점점 치유와 정화의 과정을 거쳐가는 것이 영적 수준을 계발해가는 것이다]에서 하느님 현존이 언제나 우리에게 열려 있다는 믿음이다. 우리가 그 현존을 말로 표현한다면, 우리가 단어나 개념을 떠올리게 되므로, 그 현존은 언제나 반드시 언어로 표현되지 않고 넌지시 알려진다. 말하자면 감각과 우리의 다른 모든 기능들을 통하여, 자연의 아름다움과 다른 이들의 선함을 통하여, 심지어는 사람들의 악함을 통하여서까지도 우리에게 넌지시 알려진다.

매일의 삶의 일부

모든 고통과 악의 밑바닥 어딘가에 하느님 현존이 있다. 이 현존은 내밀한 방에서 계발된 믿음의 눈으로 투시할 수 있다. 그래서 하느님은 우리가 사는 3차원의 세계에서 4차원으로, 조금씩 우리 일상생활의 일부가 되신다. 그리고 그것은 우리가 세례 때 받는 성령의 선물을 통해서, 그리고 견진을 받고 성체를 받아 모실 때마다, 그리고 이러한 관계 향상을 위해 골방에 들어갈 때마다 강화되는 성령의 선물을 통해서 암시된다.

나 아직 여기 있소

마지막으로 하느님께서 얼마나 우리 가까이 계신지 그리고 얼마나 다정스럽게 가까이 계신지를 깨달아야 할 것이다. 여기 한 부부가 있다. 그들은 함께 평생을 살아왔고 서로 사랑한다. 가정 생활의 고통과 슬픔, 자녀 문제 등을 함께 겪어서 서로를 아주 잘 알고 무척 사랑하기에 언어를 넘어서 단지 함께 앉아만 있어도 자신의 현존을 서로에게 선물로 내줄 수 있을 정도이다. 이들은 그렇게 아무런 말도 없이 몇 시간을 보낼 수 있다. 아니면 석양을 바라보거나 음악을 들으면서 단순한 경험을 함께 나눌 수도 있다. 그러다 마음이 조금 산만해지면 "나 아직 여기 있소" 하는 뜻으로 그저 손을 잡는다든지 서로의 눈을 응시한다든지 할 뿐이다. 이처럼 골방에서 일어나는 일은 대화에서 친교로 옮겨가는 움직임이다. 이것은 관계를 맺는 다른 방법들을 손상시키지 않는다. 이것은 다른 방법들을 더 향상시키며 그 관계에 더 높은 차원을 더해준다. 더 높은 차원이란 단지 함께 있음으로써 침묵 안에서 사랑이 내줄 수 있는 온전한 선물을 체험하는 것이다.

복습

소개 강의에서 향심 기도와 관상 지원단에 대해서, 그리고 그리스도교 전통 안에서의 관상에 대해서 배웠다. 소개 강의는 '관계로서의 기도', '향심 기도의 방법', '생각들과 거룩한 단어의 사용', '하느님과 우리의 관계가 더욱 깊어짐'의 네 강좌로 나뉜다.

골방 기도: 성찰을 위한 질문들

1) 이 기도는 어디서 유래한 것인가? 마태오복음 6장 6절이 중요한 이유는?
2) 이 기도의 목적은?
3) 우리가 하느님의 이름을 부르는 방식을 예수님께서는 어떻게 반전(反轉)시키시는가?
4) '골방'이 어떻게 하느님과의 친밀성을 암시하는가?
5) '골방'이 어떻게 해서 우리 일상의 심리적 인식과 중대한 관심사와 우리의 내적 대화를 넘어서는 역동적 움직임에 대한 비유가 되는가?
6) 우리는 기도 중에 체험하는 내적 침묵을 어떻게 매일의 일상적인 삶으로 가져가는가?
7) 토마스 신부는 삼위일체의 내밀한 생명을 어떻게 묘사하는가?
8) 이 기도에서 우리가 유일하게 청하는 것은 무엇인가?
9) 우리가 이 기도로 초대받았다는 것을 우리는 어떻게 아는가?
10) 관상 기도는 무엇을 어떻게 진전시켜가는 과정인가?
11) "나를 따르라"고 말씀하시는 예수님의 초대는 무엇을 의미하는가?
12) "우리는 하느님을 찾기 위해 다른 곳으로 갈 필요가 없다"라는 의미는 무엇인가?

13) 그리스도인 변형의 핵심적 내용은 무엇인가?

14) 우리는 어디서, 어떻게 하느님 말씀을 가장 깊은 수준에서 들을 수 있는가?

15) "모든 고통과 악의 밑바닥 어디인가에 하느님 현존이 있다"를 설명하라.

16) "대화에서 친교로 옮겨가는 움직임"을 설명하라.

예습

다음에 우리는 훈련으로서의 향심 기도에 대해서 배우게 된다. 훈련이란 단어는 많은 사람들에게 흥미가 없을 수 있다. 그러나 우리가 그 단어 안에 '제자(disciple)'라는 의미가 들어 있음을 알아차리게 되면 좀 더 호의를 가지고 '훈련(discipline)'이라는 단어를 생각해볼 수 있다. 우리는 그리스도의 제자가 되기 위해서 무엇을 할 것인가? 또 무엇을 포기할 것인가?

우리는 또한 이 기도 안에 있는 지향의 중요성에 대해서 배우게 된다. 우리는 이 기도를 하기 위해서 분석, 기대, 목적, 목표 등 포기해야 할 것들을 배운다.

그리고 이 향심 기도를 하는 동안에는 아무런 생각도 가져서는 안 된다는 생각이나 우리 정신 능력이 텅 비도록 노력해야 한다는 생각이 잘못된 것임을 배우게 된다. 또한 왜 향심 기도를 관상과 동일시해서는 안 되는지 배우고, 마지막으로 변형을 위한 전투가 어디에서 일어나는지를 배우게 된다.

향심 기도 전에 읽을 내용

우리가 일단 하느님을 찾기로 결심한다면, 우리보다 더 큰 열망으로 이미 우리를 찾고 계시는 하느님께서는, 그분의 목적을 방해할 수 있는 그 어떤 것도 일어나지 않도록 해주신다. 하느님께서는 우리 삶 속에 사람을 데려오시고 사건을 가져다주신다. 우리가 어떻게 생각하든지, 그것들은 우리 안에 있는 그분의 생명이 전개되도록 마련된 것이다.

― 『세상의 중심』, 토마스 키팅 ―

2. 향심 기도 훈련

　　지난 강의에서 우리는 골방에 숨어서 기도하는 법을 배우면서 골방에서 이루어지는 하느님과의 관계를 강조했다. 이 골방이 바로 하느님을 가장 잘 찾을 수 있는 곳일 것이다. 이번 강의에서는 훈련이라는 관점에서 향심 기도를 살펴보기로 하겠다. '적절한 향심 기도 수련(practice)이 어떻게 관계를 진전시키는가?' 물론 향심 기도 훈련(discipline)은 그 자체가 목적이 아니다. 하느님과의 관계를 깊게 하고, 대화에서 친교로, 능동적 형태의 기도에서 아주 수용적인 형태의 기도로 옮겨가게 하는 데 온전히 이바지하려는 것이다.

　　우리는 골방에 들어가 문을 닫고, 필요하다면 문을 잠그고, 우리 자신에 대해서나 우리가 얼마나 불편한지에 대해 신경 쓸 필요가 없을 정도의 자세를 취한다. 그런 다음 우리는 우리 안에 계신 하느님 현존과 활동에 동의하기 위해 그저 단순히 바라보는 사랑에 찬 주의뿐만 아니라 지향을 그 현존과 활동에로 향한다. 지난 강의에서 본 노부부처럼 우리는 단지 그 골방에서 우리 온 존재로 하느님께 우리의 현존을 내어드리며, 우리 자신을 온전히 하느님께 내어드린다. "제가 여기 대령했나이다" 하고 우리는 주님을 기다린다. 우리는 하느님 현존과 활동에 동의하겠다는 원래 지향을 유지하는 것 외에는 아무것도 하지 않는다. 그러므로 우리는 다음과 같은 사항을 유의해야 한다.

분석하지 않는다

먼저 이 기도 중에 '어떤 일이 일어나는가?' 등의 분석은 매우 적절하지 않다. 이것은 연구 과제가 아니다. 어떤 사람과 친밀한 대화, 특히 친교로 들어갈 때는 자신의 느낌이나 심리 상태를 분석하는 시간이 아니다. 사랑을 느끼면 그냥 그 사랑을 느껴라. 그 사랑에 대하여 이야기할 필요도 없고, 분석하거나 그 의미를 알아보려고 사전을 뒤적일 필요도 없다. 그러므로 기도 중에 무슨 일이 일어나는지 분석하지 않는다. '내가 혹시 감각의 밤에 들어가는 것은 아닌가?', '이렇게 많은 생각이 떠오르는 것을 보면, 이 기도가 나에게 맞지 않는 기도는 아닌지?'와 같은 것 말이다. 이것은 모두 쓸데없는 일이다. 이것을 무시해야 한다. 어떠한 종류의 분석도 하지 마라.

기대하지 않는다

두 번째로 어떠한 종류이든 무슨 일이 일어나리라는 기대를 해서는 안 된다. 일어날 수 있는 가장 큰 일은 이미 일어나고 있다. 즉, 성삼위이신 하느님께서 우리 안에 현존하시면서 온전히 우리에게 열려 계시어, 마치 우리가 세상 모든 피조물 중에서 유일한 존재인 것처럼 우리에게 완전한 현존과 주의를 내어주신다. 그러므로 문제는 이러한 하느님 현존에 대해서 우리가 얼마나 현존하느냐에 있다. 기대는 미래에 속한 것이기에, 우리가 현존하는 방식에 어울리지 않는다.

현재에 머물러라

기대는 장차 다가올 것과 관계가 있지만, 동의는 현재 순간과 관계가 있다. 여기서 현재 순간이란 하느님의 온전한 현존과 함께하는 현재 순간을 말한다. 그러므로 하느님을 온전히 발견하기 위해서는 우리 자신 또한 바로 현재 순간에 점차 빠져 들어가야 한다. 숨어서 기도하는 것이 이러한 작업에 큰 도움이 된다. 그래서 우리 자신에 대해 생각하는 몇몇 방식들, 예를 들면 긴박감이나 강박증, 사고 습관이나 중독 등, '내가 이것을 좋아하는가, 싫어하는가, 더 원하는가 덜 원하는가, 내가 제대로 하고 있는가, 아니면 잘못하고 있는가?' 등의 생각들은 모두 하잘 것 없는 일이다. 그것들은 이러한 친교와 친밀의 수준에 속하는 것이 아니다.

이것은 하느님 품에 안겨 있는 것과 같다. 도대체 그 이상 무엇을 바랄 것인가? 또한 이것은 마치 입맞춤하는 것과 같다. 만일 누군가와 입맞춤을 한다면, 이때는 그 무엇에 대해서 이야기할 때가 아니다. 아무런 말도 하지 않는 시간이다. 만일 무슨 말을 한다면, 입맞춤의 친밀성을 어느 정도 상실하게 된다. 다시 말해 아무런 기대도 하지 말아야 한다.

어떤 목표나 목적을 갖지 않는다

이 기도 중에 우리는 어떤 목표나 목적도 가지지 않는다. 사랑은 목적을 가지지 않는다. 그 자체가 존재 이유이다. 성 베르나르도의 말처럼 사랑은 그 자체가 보답이다. 당신이 사랑을 간직하고 있다면, 특히 지금이 사랑받는 체험을 하는 순간이라면, 다른 그 무엇도 필요하지 않다. 이 시간은 그저 그 사랑을 받아들이면서 아무 말도 하지 않는 시간이다. 그러므로 절대 침묵이 골방에서 지녀야 하는 적절한 태도이다. 향심 기도는 이와 같이 골방에서 이루어지는 내적 침묵을 단지 우리 시대에 적용시키기 위한 하나의 방법이다.

또한 우리는 거룩한 상징(이것은 대개 침묵 기도 중에 성령께 청하여 선택한 거룩한 단어이다)을 계속 반복하는 등의 다른 목표도 가질 수 있다. 이미 말했듯이 중요한 것은 그 단어 자체나 단어가 담고 있는 내용이 아니라 오히려 이 시간을 하느님과 함께 보내겠다는, 하느님과 친교 속에 있겠다는, 그리고 온전히 하느님께 자신을 열어드리고 자신의 현존을 내어드리겠다는 지향을 표현하는 능력이다.

거룩한 단어를 반복해서 사용하지 않는다

그러므로 거룩한 단어를 분별력 있게 사용하기를 권고한다. 거룩한 단어를 쉬지 않고 계속 반복해서 사용할 필요는 없다. 거룩한 단어를 분별력 있게 사용하라는 말은 그것을 필요로 할 때 사용하라는 뜻이다. 그것이 필요할 때는 여러분의 생각이나 지각이 의식의 흐름을 타고 내려올 때이다. 다시 한 번 되새기자. 향심 기도에서 생각이란 모든 지각 내용, 즉 기억, 계획, 외적 감각, 내적 감각, 상상, 감정 등을 아우르는 말이다. 그러므로 감각적, 정신적, 영적인 어떤 특정한 개념도 향심 기도에서는 생각으로 간주한다.

그래서 우리는 생각들을 대수롭지 않게 여긴다. 그것들은 단지 한 가지에서 또 다른 한 가지로 옮겨가는 상상 작용의 불가피한 통과 절차이다. 그러므로 우리는 일반적으로 생각에 대하여 친근한 태도를 지녀야 한다. 이것은 생각에 빠져드는 것과는 다르다. 우리는 생각에 저항하지 않는다. 우리는 생각에 매달리지 않는다. 우리는 생각에 감정으로 반응하지 않는다. 그리고 우리가 어떤 특정한 생각이나 지각 내용에 대하여, 마음이 끌려서이든 혐오감 때문이든, 관심을 갖기 시작하였음을 알아차리게 되면 거룩한 단어로 돌아간다.

향심 기도 방법 외에, 힌두 전통에서 온 만트라 기도라고 불리는 방법도 있다. 이와 비슷한 것이 그리스도교 전통에서도 어느 정도 나타나는데, 특히 예수의 기도에서 그러하다. 이것은 때로는 한 단어를 가지고— 때로는 아무 말 없이— 때로는 단어와 함께 호흡에 맞추어, 또는 호흡법 없이 계속 반복하여 그 단어를 떠올리는 것이다. 같은 단어를 계속 반복해서 사용하는 만트라 기도는 향심 기도와는 구별되는 수련이다. 이도 좋은 방법이다. 향심 기도가 유일한 기도 방법은 아니겠지만 20세기 말의 상황을 고려해볼 때 향심 기도가 적절한 방법이라고 제시한다. 우리는 이 기도를 한번 시도해보라고 권한다. 향심 기도는 골방에서 하느님 현존과 관계를 맺는 하나의 방법이다. 이것이 핵심이다. 당신이 어떻게 거기에 이르든 바로 이것이 핵심이다.

향심 기도는 거룩한 단어나 상징을 계속 반복해서 사용하라고 요구하지 않는다. 거룩한 바라봄도 있고 거룩한 호흡도 있다. 그러나 거룩한 호흡은 호흡을 따라가는 것이 아니다. 그렇게 하면 그것은 하나의 지각이 된다. 어떤 생각이 우리 주의를 끌고 내적 지각(인식)의 중심이 될 때 단순히 아주 가끔 호흡을 알아차리는 것이다.

처음에는, 우리가 생각하는 습관을 지니고 있고, 내적 대화가 너무도 확고히 형성되어 있어서 생각 없이 산다는 것은 있을 수 없을 정도이므로, 계속해서 거룩한 단어로 돌아가야 한다. 거룩한 단어는, 향심 기도를 시작할 때, 골방에 들어가 생각에 대하여 문을 닫고자 했던 원래 지향을 단지 재확인하는 것이다.

생각은 문을 개의치 않는다

그러나 생각은 어떻게 해서든 안으로 들어갈 방도가 있다. 생각은 문이나 창문을 닫고 빗장을 걸어 잠갔다 해도 개의치 않는다. 그래서 주의를 끄는 생각이 의식의 흐름을 타고 내려오면 우리는 거룩한 단어로 돌아간다. 처음에는 일상의 생각들이 폭발하듯이 쏟아져 나오기 때문에, 우리가 지향을 유지하기 위해서는 거의 지속적으로 거룩한 단어를 암송해야 한다. 그러나 참을성 없이 해서는 안 된다. 아주 부드럽게 암송하라. 이렇게 하는 것은 생각에 대해 부정적인 태도를 가지지 않는다는 것을 강조한다. 부정적인 태도는 도움이 되지 않기 때문이다. 생각은 피할 수 없다. 진보가 이뤄졌다는 표시는 생각을 하지 않는다는 것이 아니라 생각에 대한 태도의 변화에 있다. 생각에 대해 전혀 주의를 주지 않음으로써 그 모든 것이 지나가도록 내버려 두는 바로 그것이 적절한 태도이다.

시간이 걸린다

이렇게 하는 능력이 습관으로 자리 잡는 데는 상당한 시간이 걸린다. 다른 습관들이 과거 10, 20, 30, 40년 혹은 그 이상 걸려서 형성되었던 만큼, 흥미로운 생각들에 내적으로 자유로워지거나 초연해지는 새로운 능력을 갖게 되는 데는 몇 주 혹은 몇 달이 걸릴 것이다. 여기서 말하는 생각이란 하느님께서 우리 안에 현존하시고 활동하심에 현존 대 현존으로서 동의한다는 지향을 가지고 주님을 기다릴 때, 의식의 흐름을 타고 내려오는 것들을 일컫는다.

생각을 갖지 않겠다는 순진한 희망

다음으로 우리가 피해야 할 것은 생각을 갖지 않겠다는 순진한 희망이다. 향심 기도 중에 아무런 생각이 일어나지 않는 경우가 생길 수 있겠지만 그러한 시간은 매우 짧으며, 그러기 위해서는 성령께서 우리 이성의 기능들을 중지시켜 생각할 수도 없게 해주시고 상상력이 아무런 이미지도 만들어내지 못하게 해주셔야 한다.

그러나 그리스도교 신비주의 전통에서는 이런 현상을 아주 드문 일로 간주한다. 성녀 데레사는 이것이 길어야 30분 정도 지속될 뿐이라고 한다. 그러나 13세기 평신도 운동이었던 베긴 전통에서는 황홀경이나 사고 기능의 정지가 한 번에 몇 시간 동안, 심지어 3-4일간 지속되었다는 것을 알아둘 필요가 있다. 그러나 이것은 우리가 반드시 바라야 하는 것은 아니고 단지 일어날 수 있는 일일 뿐이다.

중요한 것은 향심 기도에 있어서의 체험이 아니라 정규적으로 기도 수련에 충실한 것이다. 이것이 일상생활에서 우리 태도에 변화를 가져다준다. 그래서 향심 기도 수련과 이 수련에서 진전되는 관상 기도는 활동 혹은 일상생활에 대한 준비이며, 바로 이곳이야말로 변형과 하느님과의 일치를 위한 진정한 전투가 일어나는 곳이라 할 수 있다.

아무런 생각도 하지 않겠다는 것을 순진한 생각이라 말한 바 있다. 실제로 우리가 아무런 생각도 하지 않는다면 아마도 죽은 상태일지도 모른다. 살아 있다는 표시 중의 하나가 생각할 수 있는 능력이기 때문이다. 그래서 생각이 나쁘다거나 기도에 방해가 된다는 부정적인 생각을 가져서는 안 된다.

이 시대에 이르기까지 진화의 가장 위대한 업적이라 볼 수 있는 것 중에는 인간의 사색을 통하여 우주가 스스로에 대해 의식하게 되었다는 사실이 있다. 요점은 그것이 여정의 끝이 아니며—가장 위대한 기능도 아니고—우리가 생각보다 더 깊은 수준인, 우리 존재의 영적 수준에서 하느님과 관계를 맺으려 할 때에, 그리고 이보다 훨씬 더 깊은 수준에 있는 하느님 현존과 관계를 맺으려 할 때에 그것이 장애가 된다는 점이다.

하느님 현존은 신체적, 정신적, 영적 수준 등 모든 수준에서 그리고 매 순간마다 우리 존재가 솟아나게 되는 원천이다. 따라서 우리는 생각을 환영하되 거기에 집착하지 않는다. 우리는 생각에 주의를 기울이지 않는 한, 생각을 환영한다.

어떤 생각이 떠오른다 할지라도 우리가 그것에 흥미를 느끼고 거기에 동의하지 않는 한, 즉 거기에 빠져들지 않는 한 우리의 기도는 방해를 받지 않는다. 생각이나 지각에 동의하면 그것은 우리의 원래 지향에서 벗어나게 되는데, 그렇게 되면 우리는 하느님 현존 안에 머물고 그분 활동에 동의하겠다는 원래 지향을 다시 쇄신해야 한다.

정신은 텅 비도록 되어 있지 않다

이와 유사하게 사람들이 목표로 삼고 있는 잘못된 것들 중에 세 번째로 지적할 점은 거룩한 단어나 상징을 이용하여 정신을 공백 상태로 만들려는 것이다. 이것은 건전하지도 않고 도움도 되지 않는다. 정신은 텅 비도록 되어 있지 않으며, 생각을 비운다는 것은 아무런 생각도 갖지 않는 것을 목적으로 하지 않는다. 우리 목적은 언제나 생각으로부터 초연해지는 것이며, 하느님 현존에 동의한다는 우리의 원래 지향을 기도 시간 내내 간직할 수 있도록 하는 것이다.

그러므로 향심 기도는 관상 기도를 위한 매우 수용적인 준비법이라고 할 수 있다. 여기서 준비라는 말에 유의하라. 십자가의 성 요한이나 다른 신비가들에 의하면 관상은 순수한 은사라고 한다. 그런 의미에서 보면 향심 기도는 엄격한 의미에서 관상 기도라고 할 수 없다. 향심 기도는 성령의 섬세한 움직임에 민감해지도록, 우리의 듣는 기능을 도와주고 장애를 줄여 관상 기도를 준비시키는 것이다. 여기서 성령의 움직임은 숨어서, 즉 절대 침묵 중에 일어나는 것임을 상기하라.

하느님 은총이 특별히 강력한 경우를 제외하고, 우리는 성령의 움직임을 직접 감지할 수 없으며, 성령의 움직임을 감지한다 해도 이것은 항상 일시적이다. 우리 목표는 일시적인 만족이 아니라, 일상의 세세한 일들에 방해받지 않으면서 하느님 현존에 대한 우리 현존과 인식이 매일의 우리 인식에 속하게 되어 영속적인 변형 상태에 이르는 것이다. 그래서 아침 식사를 준비하고 등·하교하는 아이들을 차에 태워주는 등의 여하한 일상 속에서도, 우리 활동의 효율성에는 아무런 지장을 받지 않는다. 동시에 하느님 현존은 우리가 어찌해볼 여지없이 항상 현존하는 인식으로서 현존한다. 그 현존 의식이 더욱 깊어질수록 (우리가 애를 써도) 더더욱 거기서 벗어나기 힘들어진다. 그래서 그것은 일상생활 속에서 우리 자신의 일부가 된다.

감각적 위로

다음으로 우리가 피해야 할 것은 감각적 위로를 느끼려는 것이다. 가끔 우리는 향심 기도 중에 위로를 체험하기도 한다. 이것은 성령께서 주시는 관상 기도 은사가 우리에게 작용하였거나, 하느님께 승복시키거나 바치려는 우리 의지를 하느님께서 붙잡으셨기 때문이다. 그래서 하느님 현존의 느낌, 평화로운 느낌, 편안한 느낌들이 우리 감각 안으로 흘러 들어와서 심장 박동을 빠르게 하기도 한다. 더욱이 그것은 약간 에로틱한 느낌과 하느님에 대한 커다란 열망을 불러일으킬 수도 있다.

하느님께 가는 디딤돌

우리는 에로틱한 사랑을 단순히 성적인 측면에서만 보면 안 된다. 에로스는 하느님께로 가는 데 디딤돌이 되도록 하느님께서 마련하신 온갖 즐거움을 말한다. 그러나 불행하게도 우리는 자신의 거짓 자아 때문에 그 즐거움을 하느님 대신으로 삼고 있다. 기도 중에 우리가 가끔씩 맛보는 즐거움은 우리가 가고자 하는 곳으로 방향을 잡는 데 도움이 되기도 한다. 그리고 무엇보다도 우리가 기도에 침잠하고 몰입하는 데 도움이 된다.

기도 중에 일어나는 감정적 개입이 몰입의 큰 원천이 되지만, 그렇다고 해서 거기에 의존해서는 안 된다. 따라서 그것을 목표로 삼는 것은 쓸데없는 일이며, 영성 생활이 깊어지면 감각적 위로는 더 이상 필요하지 않게 된다. 그리고 사실상 감각적 위로에서 멀어지려는 경향이 생겨나는데, 이것은 감각적 위로가 기도하는 사람의 지향을 우선적으로 차지하여, 순수한 사랑과 하느님 현존의 순수함에서 우리를 멀어지게 하기 때문이다.

치유를 위해서 필요하다

그렇다고 해서 이러한 감각적 위로의 즐거움에 저항하라는 것은 아니다. 우리 개인의 심리적인 측면에서 보면, 우리는 어린 시절부터 간직해온

거부당한 느낌 등의 깊은 상처를 하느님께서 치유해주시리라는 확증을 받아야 할지도 모르기 때문이다. 우리 문화에 속한 많은 사람들은 낮은 자아상을 가지고 있다. 그래서 하느님의 위로, 특히 감각적 위로의 목적 중 하나는 이전에 누군가로부터 받지 못했던 것, 예를 들면, 사랑의 표현인 포옹, 소속감, 누군가 자신을 원하고 있다는 느낌, 사랑받고 있다는 느낌 등을 제공해주는 것이다.

사랑만이 모든 것을 해결한다

실제로 진정한 사랑만이 인간을 온전히 인간답게 만들어준다. 그렇지 않으면, 우리 심령 어딘가에는 항상 의구심이 자리하게 된다. 과연 우리가 살아 있다거나 인간이라는 사실이 얼마나 큰 의미가 있는가 하는 의구심이 그것이다. 그래서 하느님께서는 우리의 결핍이 너무나도 심각할 경우에는, 완전히는 아닐지라도, 우리에게 부족했던 것을 영적 여정 중에 눈에 띄는 분명한 방식으로 채워주신다. 이러한 이유로 감각적 위로를 느끼는 데 대해 저항하지 말라는 것이다.

그러나 이것을 기도 목적으로 삼지는 말아야 한다. 만일 우리가 이것을 목적으로 삼으면, 이러한 위로가 없을 때 신경이 날카로워지고, 안절부절못하고, 그래서 혼자 '그래 하느님께서 나를 이런 식으로 다루시다니, 그분은 나를 잊어버리셨는지도 몰라. 이제 더 이상 기도할 필요가 없어'라고 생각할 수 있기 때문이다. 이처럼 하느님과의 관계에서 아주 유치하게 될 수도 있고, 그러면 다른 사람이 우리를 이런 식으로 대할 때 느끼는 것을 하느님께 투사하여 생각하는 경향도 있을 수 있다.

다른 사람이 관심을 기울이지 않을 때

　예를 들면, 우리가 어떤 사람과 친구가 되고 아주 친밀한 사이가 되었는데, 그 사람이 아무런 말도 없이 먼 여행을 떠났다든지, 자신에게 아무런 관심을 기울이지 않거나 다른 사람에게 더 관심을 갖고 있는 것처럼 보이면, 우리는 질투가 나서 이렇게 말할 것이다. "그래, 세상에 다른 사람도 많은데 왜 하필 이 사람에게 매달려야 하지?" 그리고 우리는 하느님에 대해서도 똑같은 방식으로 행동한다. 만일 우리가 감각적 위로에 집착하게 되면 이렇게 말할 것이다. "그래, 받는 대로 주는 거지. 하느님께서 나를 위로하시지 않으시면서 나에게 기도하기를 바라시면 안 되지. 그것도 엄청난 희생을 치러 가면서 하루에 두 번씩이나 말이야."

영적 체험

　이와 유사한 것으로 영적 체험을 갖고자 하는 목표가 있다. 영적 체험은 순전히 영적이라는 점에서 앞의 것과 조금 다를 뿐이다. 이것은 더욱 심오하고 더욱 일치시키는 힘이 있다. 이것은 때로 감각 속으로 넘쳐흘러 들어오기도 하지만 감각적인 체험보다 더 깊은 것이다. 성녀 데레사가 『영혼의 성』에서 말하는 것처럼, 이 체험의 원천은 훨씬 더 깊은 곳에서 나온다. 그것은 더욱 실체적이며 변형을 이루는 힘이 훨씬 더 크다. 영적 체험은 우리가 궁극적으로 도달해야 하는 하느님과의 영적인 관계로 향하게 하며, 그 효과에 있어서도 감각적 위로를 월등히 초월한다.

향심 기도 수련의 세 과정

첫 번째 과정

우리가 기도할 때 골방으로 가지고 들어가는 일상의 여러 가지 잡다한 생각들(일상적인 심리적 인식)이 있다. 그래서 우리는 기도하는 동안 의도적으로 하느님 현존 안에 있겠다는 우리 의지의 지향을 가지고 이러한 생각이 떠나가도록 놓아두는 것이다. 그리고 나면 생각들이 불가피하게 의식의 흐름을 타고 내려오는데, 우리는 가능한 한 이러한 생각들에 주의를 기울이지 않게 된다.

두 번째 과정(배에 뛰어오름)

그러나 대부분 시간, 특히 처음에는 생각들이 우리 주의를 상당히 끌기 때문에 의식적 수준에서 두드러지게 나타난다. 여러분이 아시다시피 우리는 모두 무의식적 수준의 동기들을 가지고 있다. 이것은 생존과 안전, 애정과 존중, 힘과 통제에 대한 욕구들로서, 생애 초기에 자기 만족이나 행복을 추구하면서 형성시킨 어린 시절의 뿌리 깊은 본능적 욕구들이다.

그래서 어떤 생각이 흘러내려와서 우리 문화 속에서 어떤 상징을 지니고 있는 이러한 욕구들이나 프로젝트들 중 하나를 건드리면, 우리는 그 생각에 흥미를 갖게 되어 배에 뛰어들게 되고, 결국 그 배와 함께 떠내려가게 된다. 그러면 우리는 원래 지향에서 완전히 벗어나게 되어 다시 시작해야 한다. 그러므로 또 다른 생각에 대해서 사고하고 있음을 알아차리면 즉시 그 배에서 내려라. 절대 실망이나 자책감을 갖지 말고 그냥 다시 시작하면 된다. 우리는 바로 이런 방법으로 기도하는 것이다. 이것이 습관화되려면 상당한 시간이 걸릴 것이다.

만일 여러분이 거룩한 단어로 돌아가는 데 20분 중에서 19분 30초를 보낸다면, 그것도 아주 좋은 기도가 된다. 이것은 아마도 수천 번이나 사랑의 행위를 한 것이기 때문이다. 하느님 사랑인 애덕은 다른 두 가지 대신덕인 믿음과 희망과 마찬가지로 반복 행위를 통해서 우리 안에 자라난다.

세 번째 과정(어떤 생각에도 관심이 없음)

기도 중에 일어날 수 있는 이 세 번째 과정이란, 우리가 어떠한 생각에도 관심이 없다는 것을 알아차리게 되는 때를 말한다. 이것은 관상 기도 은사가 더욱 깊은 수준에서 우리에게 작용하거나, 완전하거나 확고하게는 아닐지라도 우리 의지를 붙잡아서, 의식의 흐름을 타고 내려오는 생각들에 대해서 더 이상 관심 갖지 않음을 알아차린다는 것을 의미한다. 이러한 상태에서 우리는 하느님 현존 안에서 단순하게 휴식할 수 있다. 이때 우리는 거룩한 상징으로 돌아갈 필요가 없다. 우리가 이미 거룩한 상징이 우리를 인도해야 할 곳(지나가는 생각들을 완전히 무시하는 곳)에 도달했기 때문이다. 그러므로 향심 기도에서는 지향이 수련의 주된 초점이다.

복습

우리는 마태오복음 6장 6절 내용의 중요성에 대해서 배웠다. 이 기도는 하느님을 바라보는 옛 방식을 예수님께서 반전시키신 방법을 좇아, 하느님과의 새롭고 친밀한 관계로 우리를 인도하고자 만든 것임을 배웠다. 우리는 일상적 인식과 중대 관심사와 자신의 내적 대화를 넘어서는 움직임의 중요성에 대해서 숙지하였다.

우리는 이 기도에서 우리가 청하는 유일한 것은 하느님뿐임을, 성령뿐임을 배웠다. 다른 모든 것은 성령으로부터 흘러나올 것이다. 삼위일체의 내적 생명은 우리가 어떻게 사랑해야 하는지에 대한 모델이 된다는 것, 그리고 하느님께서는 이미 여기 계시기 때문에 하느님을 찾기 위해서 다른 곳으로 갈 필요가 없다는 것을 배웠다. 우리는 단지 하느님께서 우리에게 현존하시는 것처럼 우리가 하느님께 현존하는 것을 배우는 일이 필요할 뿐이다.

향심 기도 훈련: 성찰을 위한 질문들
1) 향심 기도 훈련의 목적이 향심 기도 자체가 아니라면, 그것은 무엇인가?
2) 향심 기도의 시작 부분인, 처음 몇 단계를 서술하라.
3) 이 기도에서 우리의 지향은 무엇인가?
4) 우리의 지향이 왜 그렇게 중요한가?
5) 이 기도에서 분석하는 것은 얼마나 적절한가(어떤 위치를 차지하는가)?
6) 이 기도에서 기대할 것들이 있는가?
7) 이 기도에서 '현재 순간'의 중요성을 설명할 수 있는가?
8) 이 기도에는 어떤 목표나 목적이 있는가?
9) 거룩한 단어나 그 단어의 내용이 그 자체로 중요한가?

10) 이 기도에서 거룩한 단어를 쉬지 않고 반복해서 사용해야 하는가?

11) 이 기도에서 생각이라는 용어는 어떤 종류의 지각들을 포함하는가?

12) 거룩한 단어는 만트라와 같은 것인가? 설명하라.

13) 이 기도에서 우리는 아무 생각도 하지 않기 위해 애를 써야 하는가?

14) 생각에 대한 우리의 태도가 왜 그렇게도 중요한가? 올바른 태도는 무엇인가?

15) "중요한 것은 향심 기도에 있어서의 체험이 아니라 정규적 수련에 충실한 것이다"를 설명하라.

16) 변형과 하느님과의 일치를 위한 진정한 전투는 어디서 일어나는가?

17) 이 시대에 이르기까지 진화의 가장 위대한 업적은 무엇인가?

18) 이러한 업적이 어떻게 장애가 될 수 있는가?

19) 이 기도에서 우리는 정신 능력을 비우도록 노력하는가?

20) 향심 기도는 관상 기도와 동일한 것인가? 아니라면 왜 아닌가?

21) '영속적인 변형 상태'가 무엇을 의미하는지 묘사하라.

22) 우리가 감각적 위로를 느끼려고 기대하지 않고 그것을 목표로 삼지 않는 이유는 무엇인가?

23) 우리가 영적 체험을 하려고 기대하지 않고 그것을 목표로 삼지 않는 이유는 무엇인가?

24) 향심 기도 수련에서 첫 번째 과정은 무엇인가?

25) 거룩한 단어로 계속 반복하여 되돌아가는 것을 왜 사랑의 행위로 간주하는가?

26) 향심 기도 수련에서 세 번째 과정은 무엇인가?

27) 만일 우리가 하느님 현존 안에서 쉰다면, 우리는 거룩한 단어로 돌아갈 필요가 있는가?

예습

다음 시간에 우리는 향심 기도가 아닌 것 내지는 관상 기도가 아닌 것에 대해 배울 것이다. 하느님 활동을 통해 우리는 자신을 생각과 동일시하지 않고 생각에서 초연하도록 도움으로써, 생각에 대한 우리 태도에 영향을 미친다는 것을 배우게 된다. 향심 기도가 무엇인지를 더 잘 식별하기 위해서는, 무엇이 향심 기도가 아닌지에 대해 숙고할 필요가 있다.

우리는 기술로부터 기대하는 것과 똑같은 것을 기도로부터 기대해서는 안 된다. 우리가 행하는 그 기도로 인해 어떤 정해진 결과가 발생할 것이라는 보증이 없다. 우리가 확신할 수 있는 유일한 것은 하느님께서 우리 지향을 존중해주신다는 것이다.

우리가 성령의 열매들과 은사들 그리고 진복의 열매들을 드러내는 능력을 증진시킴으로써, 기도의 결실들은 오직 일상생활에서만 보일 수 있을 뿐이다. 우리가 향심 기도 중에 동의를 반복함으로써, 신성한 치료자께서는 우리 존재의 심연에 있는 상처들을 치유해주신다.

향심 기도 전에 읽을 내용

"기도의 깊은 감각으로써, 그리고 어떻게 하느님 대전에 있어야 할지를 배움으로써 우리는 일상의 사건들을 올바른 시각으로 보아야 한다. 그리하여 있는 그대로의 현실이 우리 안으로 들어오게 되면, 우리는 개개의 사건들을 우리의 개별적 욕구들을 위해 신중히 마련된 성령의 활동으로 파악하게 된다.

모든 사건은 하느님의 살아 있는 손길이 스치는 흔적인데, 그 손길은 우리 육체, 영혼, 영 안에 하느님 아드님의 참된 모상, 하느님 아버지께서 원래 우리에게 주셨고, 지금은 그분이 회복시켜주시는 존재의 밑그림을 그리신다."

-『세상의 중심』, 토마스 키팅 -

3. 향심 기도가 아닌 것과 향심 기도인 것

지난 강의에서 우리는 골방에 있는 동안, 다시 말해 향심 기도를 하는 동안 세 과정의 체험(*역주; 첫 번째 과정- 하느님께로 향하는 지향을 가지고 일상의 심리적 인식이 떠나가도록 놓아둠, 두 번째 과정- 무의식적 동기들이 작용하며, 또다시 거룩한 단어로 되돌아가는 작업들이 계속됨, 세 번째 과정- 지나가는 생각들을 완전히 무시함)이 이루어진다는 말로 끝을 맺었다.

그리고 이제 강조하고 싶은 것은 다음과 같다. 즉, 향심 기도 그 자체는 엄격한 의미에서, 혹은 십자가의 성 요한이 말하는 전통적인 의미에서 볼 때 관상 기도가 아니라는 점이다. 하지만 어떤 사람들은 향심 기도가 관상 기도의 첫 단계라고 생각한다. 그래서 관상 기도를 성령께서 주시는 관상의 선물—지식, 이해, 그리고 지혜— 을 받아들이기 위한 준비 과정(혹은 관상의 선물에 감수성이 생기게 하는 과정)을 포함하는 보다 넓은 의미로 바라볼 수도 있다.

상상을 중지시킨다

여기서 지나가는 생각들에 관심을 갖지 않는다는 의식 상태에 덧붙일 수 있는 것이 있다. 말하자면 시간이 지나면서 하느님 활동이 점점 우세해져서, 그분의 활동이 우리 의지를 붙잡아 지나가는 생각들에 대해 관심을 갖지 않게 만들 뿐만 아니라, 우리의 상상과 기억 그리고 사고하는 기능까지 일시적으로 중지시킬 수 있다. 이럴 때 우리는 하느님 앞에 깊이 현존함을 느끼고, 하느님과 깊이 일치하고 있음을 느끼며, 사실상—때로는 조금, 때로는 완전히—자신을 잊기까지 한다. 그리하여 기도하는 사람은 자신이 기도하고 있다는 것을 인식하지 못한 채 일치 체험에 휩싸이게 된다. 그러나 이러한 체험은 대개 상당한 수련(practice)을 하고 향심 기도 훈련(discipline)을 오래 한 사람들에게 제한되어 있다. 여기서 한 가지 주의를 주고 싶은 것은 엄밀한 의미의 관상 기도(주입된 관상)가 언제 시작되는지 사실상 구분할 수 없다는 것이다. 우리는 성령께서 실제로 우리를 움직이시는 때와 우리가 거룩한 단어로 돌아가는 아주 부드러운 행동을 취하는 때를 항상 구분할 수는 없다. 또는 우리가 성령께서 실제로 우리를 움직이시는 때와 우리 의지의 단순한 움직임이 보다 섬세한 활동으로 이루어질 때, 즉 하느님을 향한 세 번째 과정으로서 지나가는 생각에 관심을 갖지 않게 될 때를 항상 구분할 수는 없다. 그래서 이 주제를 조금 다른 각도에서 더 자세하게 다루고자 한다. 이 강의에서는, '향심 기도가 아닌 것'에 관하여 먼저 이야기하고 나서 '향심 기도인 것'에 대하여 간단히 설명하겠다.

향심 기도가 아닌 것

기술이 아니다

첫 번째로 향심 기도는 기술이 아니다. 기술은 신체적으로나 정신적으로 수련이나 훈련을 하면 어느 정도 결과를 예측할 수 있다. 향심 기도는 기술이 아니라 방법이며, 일종의 방법 없는 방법이다. 이것은 타인과 맺은 관계를 발전시키는 것과 같은 방법이다. 그러므로 여기에는 일어나는 일에 대해 많은 개방성과 융통성이 있다.

달리 말하면 우리가 관계 맺고 있는 어떤 사람과 대화를 나눌 때는 그와 의논하고 싶은 몇 가지 사안이 있겠지만, 대화는 우리가 원하지 않는 방향으로 진행될 수도 있다. 우리가 서로에 대해 우정과 개방성을 유지하고 싶다면, 우리가 이야기하고자 하는 것에 대하여 서로 양보해야 한다.

관계이다

향심 기도는 관계인 동시에 그 관계를 발전시키는 방법이다. 그리고 다른 사람과 관계를 발전시켜 나가는 것과 마찬가지로 이 관계의 특징 혹은 요구 조건은 서로 친해지는 것이다. 그러기 위해서는 시간을 투자해야 하고, 그 관계를 유지하기 위해서는 다음과 같은 사려 깊은 행동이 필요하다. 예를 들면 서로 멀리 떠나 있을 때 엽서를 보내고, 어느 동네에 들렀을 때 전화를 건다든가, 축일에 선물을 보내는 것 등이 필요하다.

결과가 없을 수도 있다

기술이란 결과를 낳는 것이다. 방법이란 관계를 발전시키기 위한 것이지만, 아무런 일이 일어나지 않을 수도 있다. 또는 어떤 이유에서든 우정의 관계가 끝날 수도 있다. 따라서 향심 기도 방법은 우리가 예상할 수 있는 어떤 특정한 결과를 가져오지는 않을 것이다(이 사실을 깨닫는 것이 중요하다). 그래서 우리의 예상대로 되지 않으면 우리는 조바심하며 애태울 것이다. 결과는 그 관계가 현존 대 현존의 친교, 혹은 합일, 혹은 시간이 지남에 따라 일치에 이르게 될 정도로 깊어지면서 저절로 생기게 된다.

향심 기도의 진보는 일상의 효과로

그러므로 향심 기도를 수련함으로써 어떤 특별한 일이 생길 것이라고 기대하는 것, 특히 향심 기도 시간 중에 어떠한 기대를 거는 것은 쓸데없는 일이다. 그렇기 때문에 향심 기도의 가치나 목적, 진보 그리고 향심 기도가 관상으로 진전되어 나가는지의 여부는, 오직 일상 생활에서 얻는 효과로 판단할 수 있다고 우리는 말한다. 이를테면, 갈라티아서에서 바오로 사도가 말한 성령의 열매, 즉 사랑, 기쁨, 평화, 인내, 호의, 선의, 성실, 온유, 절제의 열매가 있다.

자기 중심적인 계획의 변경

그리스도와의 관계가 골방에서 자라나면, 그리스도의 마음 혹은 그리스도 현존의 영향이 우리가 기대하지 않았던 결과를 우리 안에 낳게 될 것이다. 그 결과란 우리의 생각이나 자세가 아니다. 그것은 바로 우리의 자기 중심적 행복 추구 프로그램이 그리스도의 마음으로 변형되는 것이다. 그러한 변형은 서로에 대한 사랑으로 나아가는 변형이다. 말하자면 그러한 변형이란 인간 가족의 하나 됨을 인식하는 데로 나아가는 변형이다. 그리고 그러한 변형은 모든 피조물의 아름다움과 환경에 대한 우리의 책임감을 인식하는 데로 나아가는 변형이며, 다른 사람들의 권리와 욕구에 대해 우리가 정의롭고 정직하게 대하며 관심을 기울이는, 그런 인간 관계를 인식하는 데로 나아가는 변형이다.

어떤 일이라도 일어날 수 있다

이런 것은 자연스럽게 일어나는 것이지만, 용서하고, 화해하고, 정직해지려는 등 분명하게 노력의 도움을 받는다. 그러나 여기에는 이렇게 하면 저런 결과가 나온다는 식의 필연적 연관성은 없다. 향심 기도를 하면 어떤 일이라도 일어날 수 있고, 오랫동안 아무 일도 일어나지 않을 수도 있으며, 아주 어려운 문제가 발생할 수도 있다. 왜냐하면 이 관계가 비교적 빠르게 하느님의 치료 과정으로 넘어가게 되면, 그리스도께서는 우리 개인사에서 보이는 인간 본성의 가장 깊은 상처의 치유를 시작하시기 때문이다. 이러한 깊은 상처의 치유를 위해서 그리스도께서는 우리의 대부분 정서적 문제가 사실상 시작되었던 초기 아동기까지 거슬러 올라가신다.

긴장 이완 훈련이 아니다

두 번째로 향심 기도는 긴장 이완 훈련이 아니다. 혼자 있는 것은 좋은 일이다. 이는 긴장을 이완시킨다. 일상적인 생각을 하지 않는 것도 좋은 일이다. 우리에게 가장 큰 휴가는 얼마 동안 아무런 생각도 하지 않는 것이다. 잠시 동안만이라도 참으로 침묵하는 것이 멀리 휴양지를 찾아가는 것보다 더 좋다. 이는 우리에게 새로운 기운을 불어넣어주고, 우리 활동에 전적으로 새로운 차원을 제공해주며, 소음과 근심 걱정과 자기 중심적인 행복 프로그램에서 우리를 해방시킨다. 또한 부수적인 효과로서 상당한 긴장 이완을 제공하기도 한다. 그리고 우리는 더 많은 도움을 받을 수도 있다. 우리가 배운 바를 따라 충실히 하루에 두 번 향심 기도를 수련하면, 심지어 잠을 더 적게 잘 수도 있다.

활동 중에 평화

향심 기도는 긴장 이완과 관련되기보다는 힘든 활동들, 지치게 하는 활동들을 포함한 활동 중에 평화를 유지하는 것과 관련되기 때문에 하루 두 번 실시할 필요가 있다. 우리가 하는 대부분의 활동들은 극히 고되고 극단적인 에너지를 요구하기 때문에, 우리가 균형과 평형을 유지하고, 기운을 북돋우고, 긴장을 이완시키기 위해서는 그만큼 더 노력이 필요하다. 계속적으로 인간의 비참함을 보면서 살아가는 이들은 자연의 아름다움을 바라보는 시간을 필요로 한다. 게다가 그들은 사람들이 하느님께서 계획하신 뜻을 따르지 않을 때 일어나는 일들을 보는 시간 외에도 하느님의 선하심과 관계 맺는 시간을 필요로 한다.

물탱크의 물이 빠져나가는 것과 같다

만일 기도를 하루에 한 번만 한다면, 일상생활에서 겪는 긴장의 정도에 따라, 하루의 절반이나 3/4 정도에만 기도가 영향을 미치게 된다. 그래서 사무실이나 가정에서, 또는 사목 활동 중에 새로운 위기가 발생할 때마다, 평화의 저수지, 실로암 호숫물, 다시 말해서 우리를 새롭게 해주시는 하느님 현존의 물이 바닥나고 말 것이다. 이는 물탱크의 물이 빠져나가는 것과 같다. 언덕 위에 탱크를 올려두기만 하면 결국 탱크 안의 물은 말라버리고 말 것이다. 영적으로 아주 진보된 사람들을 제외한 대부분 사람들의 경우, 그들이 필요로 하는 에너지는 오후 네 시쯤이면 고갈된다. 만일 귀갓길에서, 혹은 집에서 위기 상황이 발생하게 될 때 이 위기를 어떻게 처리할 것인가? 이럴 때 성령의 열매가 작동하여 우리의 초조함이나 분노 등을 통제해야 하는데, 우리에게는 남아 있는 것이 아무것도 없다. 아침에 누렸던 그 충만했던 평화는 먼 기억 속에만 남아 있고 모두 사라져버린 것이다.

진정한 영적 원천

저녁 식사 전에 기도하거나, 그럴 수 없다면 점심시간 휴식 때, 혹은 이른 저녁에 다시 기도하는 것이 그 평화의 저수지를 다시 채우는 길이다. 이 평화는 감각적이진 않지만 진정한 영적 원천이므로, 남은 저녁 시간이나 밤 시간에 영향을 미치도록 하는 데 아주 큰 도움이 된다. 이런 의미에서 향심 기도는 영적 이완 훈련이라 할 수 있다. 우리가 향심 기도를 하지 않을 경우, 쓸데없이 겪어야 할 긴장과 혼란이 향심 기도 수련으로 완화될 수 있기 때문이다.

자기 최면이 아니다

향심 기도는 일종의 자기 최면이나 몽롱한 상태가 아니다. 이런 것은 일종의 긴장 이완 효과를 얻는 것 외에는 아무런 이익이 없다. 이것들은 일시적인 가치를 지니는 자조 프로그램이다. 그런데 우리는 지금 자조 프로그램을 다루는 것이 아니다. 상호 작용을 수반하고 기도하는 동안의 대화를 넘어서 매우 세련된 행위들을 수반하는 관계를 다루는 것이다. 게다가 그 관계는 향심 기도 효과—골방에 숨어서 기도한 효과—를 일상생활 속에 적용시킴으로써, 하루 종일 하느님 현존을 지속적으로 느낄 수 있게 해준다.

후에 이러한 효과를 일상으로 가져오게 하는 여러 가지 과정에 대해 설명하겠는데, 우리는 이것을 전통 안에서 찾아볼 수 있다. 그중에는 하루 중에 자주 능동적 기도문을 암송하거나(열망, 화살기도), 향심 기도 중에 정화된 우리 동기가 자기 중심적인 행복을 추구하는 프로그램의 낡은 습관에 지배되는지 지켜보면서 마음을 보호하는 것 등이 있다.

성령의 은사가 아니다

향심 기도는 은사(우리는 이러한 은사에 대해서 요즘 꽤 많이 알고 있다)가 아니다. 향심 기도는 이상한 언어의 은사, 이상한 언어를 해석하는 은사, 치유의 은사, 숨은 생각을 알아차리는 은사, 여러 가지 기적을 행하는 은사들과는 다르다. 이러한 은사들은 값진 것이기는 하지만 공동체 전체를 위해, 그리고 그리스도교 공동체의 성장을 위해 주어진 것이지 반드시 은사를 받은 사람을 변화시키는 것은 아니다.

그러므로 우리가 이런 은사를 가지고 있다 할지라도, 골방으로 들어가는 내적 움직임이나 신성한 치료를 통하여 이루어지는 무의식의 정화가 없다면, 세속적인 성공을 계획하던 세속적인 태도가 우리 가르침을 찬탄하고, 우리 기적을 보고 싶어하고, 이상한 언어를 듣고 싶어하는 사람들의 칭찬과 선망을 바라는 쪽으로 옮겨가기 십상이다.

향심 기도와 관상 기도는 영적 여정의 핵심, 곧 그리스도와의 관계를 깊게 하고 그 관계를 성삼위의 다른 두 위격, 즉 성부와 성령과의 관계로 심화시키는 것을 목표로 한다. 이 성삼위는 하루 24시간 언제나 우리 안에 현존해 계신다. 그러므로 우리는 이 현존에 자신을 내어드려야 한다.

초심리 현상이 아니다

향심 기도는 초심리 현상이 아니다. 요즘에는 적지 않은 심령가들이 있다. 몇몇 인류학자들과 초개인 심리학자들이 생각하는 것처럼, 인류는 정신 자아기 혹은 이성적 의식 수준에서 직관적 의식 수준으로 이동하고 있는지도 모른다. 그렇다면 심령의 은사는 인간 두뇌의 진화 과정에 속하게 될 것이며 우리는 앞으로 더욱 많은 심령의 은사를 보게 될 것이다.

이 모든 것은 부수적인 것

나는 언젠가 서로 다른 은사를 지닌 열두 명 정도의 심령가들을 만난 일이 있다. 그들은 사람의 후광을 본다든지, 기도 중에 여러 가지 색깔을 본다든지, 멀리 떨어져 있는 사람들과 통교할 수 있다든지, 사람의 몸을 읽어낼 수 있어서 신체 어느 부분에 질병이 있는지 알아낸다든지 하는 사람들이었다. 이 모든 것들은 건강과 행복에 엄청난 도움이 될 수 있지만, 모두 부수적이다. 이것은 어떤 특정한 발달 단계를 향해 가고 있으며, 영적 여정은 계속해서 발전해가는 것이다.

이 모든 것은 이러한 은사에 심리적으로나 기질적으로 맞는 사람들에게 일어날 수 있는 부수적인 효과들이다. 그러나 이런 은사에 집착하거나 그것들을 너무 소중히 여기면, 그 은사들은 그것을 가진 사람에게 장애가 되어 영적 교만에 빠질 수 있으며, 따라서 이런 은사에 의해 초대받은 영적 여정을 가로막는 장애가 될 수 있는 것이다.

신비 현상과 같은 것이 아니다

더욱 미묘한 것은 향심 기도와 관상 기도는 공중 부양, 현시, 외적 음성, 내적 음성 또는 지성적 · 영적 음성과 같은 신비 현상과는 다르다는 사실이다. 십자가의 성 요한이 말했듯이, 영적인 통교는 신적 일치에 아주 가까우며 신적 일치와 거의 밀접한 불가분의 것이다. 간혹 황홀경이나 신비 현상들이 일어나기도 한다. 그렇지만 이것들은 골방에서 수련하는 사람에게는 적합하지 않다. 골방에 있는 것은 다른 사람들에게는 보이지 않으며, 외부 환경으로부터 숨어서 기도하는 것에는 이러한 것들이 해당되지 않기 때문이다. 따라서 거기에서 무슨 일이 일어나는지 아무도 알지 못한다.

만일 황홀경이 있다면 골방에서는 그것들을 제외시켜라. 그것은 관상 기도의 핵심이 아니며 관상 기도가 진전되고 있다는 징조일 뿐이다. 황홀경은 사람이 영적 여정을 향해 열정적으로 나아가게 할 수 있다. 그렇지만 향심 기도나 관상 기도에서 우리가 구하는 것은 하느님과의 영속적인 관계인 변형이며, 그것이 아무리 고양된 것이라 할지라도 일시적인 영적 체험이나 신비 체험을 구하는 것은 아니다. 그렇기 때문에 만일 향심 기도 중에 영광에 싸여 하느님 오른편에 계신 예수님의 환시를 보게 되더라도 거룩한 단어로 돌아가라고 말하는 것이다. 말하자면, 우리가 그러한 체험에 압도당하지 않을 수 있다면 믿음과 희망과 사랑의 단순한 행동으로 돌아가라는 것이다. 그것이 이 여정의 핵심이기 때문이다. 압도당하는 데서 벗어나게 되면 즉시 거룩한 상징으로 돌아가라.

사랑을 위해 사랑 그 자체를 기꺼이 포기하는 것

어떤 사람은 이것이 고마움을 모르는 일이라고 말할지도 모른다. 그러나 그렇지 않다. 이것은 오히려 순수한 사랑의 표시이다. 어쩌면 처음으로 회개의 궁극적인 부르심을 경험하고 있는 것일지도 모른다. 우리가 영적 여정에서 많은 진보를 이루면, 우리는 많은 회개의 경험을 하게 된다. 사랑을 위하여 사랑을 기꺼이 포기할 수 있는 회개, 하느님을 위해 사랑 자체를 포기하는 것 말이다. 이것이 예수님께서 인간이 되시면서 하신 일이다. 이것은 하느님께서 품 안의 아드님을 낳으시면서 하신 일이다. 우리가 가진 모든 것, 그리고 우리에게 가장 소중한 것까지도 떠나가도록 놓아버리는 것, 이것이 사랑을 위한 순수한 사랑 자체이다.

하느님 체험을 느끼는 것이 아니다

다음으로 향심 기도가 아닌 것은 하느님 체험을 느끼는 것이다. 우리가 만일 체험을 느낀다면 그것도 좋다. 그렇지만 우리는 그것에 매달리지 않는다. 오면 오도록 내버려두고 가면 가도록 내버려둔다. 다시 말해 하느님은 언제나 현존하시기 때문에, 손을 펴듯이 언제나 우리 가슴을 열어드릴 필요가 있다. 언제나 손을 펴고 있으면 언제나 받을 수 있다. 일단 무엇인가를 소유하거나 움켜쥐면, 그것이 아무리 위대한 영적 체험일지라도 이미 손을 쥐고 있기 때문에 다음 선물을 받아들일 수가 없다. 언제나 손을 펴고 있다는 것은 하느님께서 주시는 것이 무엇이든지, 감사하는 마음으로 오면 오게 놓아두고, 가면 가게 놓아둔다는 뜻이다. 그리고 일상 생활에서 전개되는 대로 언제나 우리 지향과 동의를 하느님 뜻과 현존으로 향하는 것이다.

추리적 묵상이나 정감적 기도가 아니다

마지막으로 향심 기도는 추리적 묵상이나 정감적 기도가 아니다. 이런 것들은 하느님과 더 깊은 수준에서 친교를 누리고 합일하도록 우리의 심리적 기능들을 준비시키는 아주 값진 과정이다. 그러나 향심 기도는 생각과 감정과 개념화를 넘어서, 우리가 다른 무엇인가에 대해 사고하고 있음을 알아차릴 때, 거룩한 단어로 아주 부드럽게 돌아가는 것 외에는 아무런 행위도 하지 않는 것이다.

명심해서 구별해야 할 것이 있다. 생각들은 피할 수 없다. 생각과 지각은 언제나 존재하기 마련이다. 그러나 지나가는 생각들에 대해 사고하는 것, 이것만은 놓아버릴 줄 알아야 한다.

이것은 백화점이나 대형 슈퍼마켓에 있는 사람이 배경 음악을 듣기는 하지만, 그는 장을 보러 온 것이기 때문에 그 음악에 주의를 기울이지 않는 것과 같다. 그래서 기도 중에 가지는 심리적 체험은 하느님이 아니라, 우리가 도달한 영적 포옹의 수준에서 우리가 행하는 하느님에 대한 해석이다.

향심 기도인 것

향심 기도는 관계이다

그러면 이제 간단히 향심 기도란 무엇인가를 보기로 하자. 우리가 이미 살펴보았듯이 이것은 무엇보다도 관계, 즉 그리스도와 깊어져가는 관계이고 예수님께서 우리를 데려가겠다고 약속하신 하느님과의 깊어져가는 관계이다. 향심 기도는 또한 그 관계를 돕고 촉진시키는 훈련이다. 그래서 이것은 하나의 방법이지 기술이 아니다. 왜냐하면 이것은 자동적으로 관계를 형성하는 것이 아니기 때문이다. 그리고 하느님께서는 당신이 적절하다고 느낄 때, 적절하다고 느끼는 만큼 은사를 주신다.

향심 기도는 대화에서 친교로 넘어가는 움직임이다

향심 기도는 대화에서 친교로 넘어가는 움직임이다. 이것은 다른 어떤 형태의 기도도 배제시키지 않는다. 단지 다른 기도들을 새로운 시각으로 바라볼 뿐이다. 앞서 말한 그 노부부처럼(나이가 그리 많지 않을 수도 있다. 그들의 사랑의 깊이에 달린 문제이다) 우리가 깊은 친교 시간을 가진 후에도, 여전히 아침에는 커피를 따를 것이고 하루를 보내는 중간중간에는 가벼운 대화들을 이어나갈 것이다. 그것은 단지 대화보다 더 큰 만족을 주는 더 깊은 수준으로 우리의 관계를 심화시켜가는 능력을 가졌음을 뜻한다.

향심 기도는 추리적 묵상과 정감적 기도를 넘어서는 움직임이다

향심 기도는 추리적 묵상과 정감적 기도를 넘어서는 움직임이다. 정감적 기도는 의지의 행위이며 감정과는 그리 관계가 깊지 않고, "당신을 사랑합니다, …을 청하나이다, 당신을 찬양하나이다, 경배하나이다" 하는 것처럼 의지의 행동을 일컫는 전문 용어이다. 그리고 시편에서 볼 수 있는 여러 가지 열망들이 이 정감적 기도의 예들이 된다. 향심 기도가 발달하면 정감적 기도를 하면서 동시에 골방에 있을 수 있다. 우리가 그 말에 주의를 기울이는 것이 아니라 그 말이 나타내는 하느님 현존에 주의를 기울일 수 있게 된다.

그래서 우리의 모든 종교적 수련과 헌신이 새로운 빛과 시각을 유입 받아 마치 골방에 있을 때처럼 그것들을 행할 수 있다. 모든 생각을 놓아버리는 것은 내적 침묵을 지키는 것이고 골방에서 이루어지는 훈련이지만, 그 골방의 효과가 다른 종교 수련에서도 우리를 움직여 노래로 하느님을 찬양하는 동시에 우리 영의 깊은 곳에서 주님과 함께하고, 그분의 현존을 즐길 수 있게 해준다.

향심 기도는 우리를 내적 침묵에 길들인다

향심 기도는 우리를 내적 침묵에 길들인다. 그것은 우리 기능의 영적 수준을 키워나가는 방법이며, 하느님의 첫 번째 언어인 침묵을 배우는 방법이다.

향심 기도는 믿음과 희망과 사랑의 훈련이다

그리고 마지막으로 믿음과 희망과 사랑의 훈련이다. 이것은 영성 신학에 의하면 변화하게 하는 덕이며, 왔다가 사라지는 하느님에 대한 심리적인 체험보다 훨씬 더 큰 가치를 지닌다.

순수한 믿음으로

십자가의 성 요한에 따르면, 믿음이 바로 하느님과 일치를 이루는 지름길이다. 이것은 어떤 신념 체계를 말하는 것이 아니다. 오히려 신뢰라는 의미로서의 믿음, 즉 하느님께 온전히 승복한다는 성경적 의미에서의 믿음을 뜻한다. 승복의 정도는 계속해서 더욱더 깊어질 수 있다. 그래서 믿음은 감각의 밤에 정화되고, 모든 인간적인 지지대(신념 체계 또는 이전 수준의 믿음)가 해체되거나 흩어져버리는 영의 밤에 더욱 깊어진다. 그렇기 때문에 그 밤들이 그토록 혼란스러운 것이다. 우리가 하느님께로 나아가기 위해 그동안 의지했던 것들이 순수한 믿음으로 제거되는데 이 순수한 믿음은 아무런 중개자 없이 존재 대 존재로서 '직접' 혹은 하느님께서 모세에게 말씀하신 바대로 '얼굴을 맞대고(현존 대 현존의 은유)' 하느님께로 나아간다.

향주 망덕

희망 또한 우리를 현재 순간으로 데려오는 것이다. 향주 망덕은 미래에 대한 희망인 정서적인 희망과는 다르다. 여기서 말하는 향주 망덕은 관상 기도 중에 발달하는 것이며, 지금 이 순간 하느님의 무한하신 힘과 자비를 신뢰하는 희망이다.

그러므로 이 희망은 과거를 가리키는 말이 아니다. 우리가 과거에 행했던 어떤 일이든, 좋든, 나쁘든, 좋지도 나쁘지도 않든 간에 그 일에 영향을 받지 않는다. 다만 희망이란 지금 이 순간에 당신이 어떤 사람인가, 지금 하느님께 자신을 맡기면서 온 존재를 다해 하느님께 얼마만큼 온전하게 자신을 내어드리는가에 달려 있다. 이렇게 희망은 우리를 현재 순간으로 데려와 거기에 머물게 한다.

사랑은 인내와 같다

　　그리고 사랑은 인내와 같다. 이 인내는 지루하고 따분하며, 고통스럽고, 생각이 난무할 때, 그리고 어렸을 때부터 가지고 온 소화되지 않은 정서적 내용들이나 인격의 어두운 면들이 원시적인 감정을 통해 의식에 도달하는 매우 고통스러운 치료 기간 동안에도 우리를 골방에 계속 머물 수 있게 해준다.

미지의 세계로 가는 여정

　　따라서 향심 기도는 미지의 세계로 가는 여정이고 믿음의 모험이며, 세상 구원이라는 가장 위대한 사업에 참여하라는 초대이다. 향심 기도를 할 때 온 세상이 우리와 함께 기도한다. 바로 이 때문에 향심 기도를 할 때 특정한 지향으로 기도할 필요가 없다고 말하는 것이다. 우리가 청하는 모든 것이 성령이라는 선물, 그 한 가지 열망에 포함되어 있기 때문이다.

복습

지난 강의에서 우리는 훈련으로서의 향심 기도를 고찰했다. 우리는 이 기도에서 지향의 중요성에 대해 배웠다. 우리는 분석, 기대, 목표, 목적 등이 이 기도에 속하지 않는다는 것을 이해했다. 현재 순간은 우리가 하느님을 만나기에 적합한 때라는 점에서 그 중요성이 명백해진다. 우리는 이 기도를 하는 도중에 아무런 생각도 갖지 않겠다는 것, 정신을 백지처럼 비우겠다는 것, 거룩한 단어를 만트라 형식으로 반복하는 것은 잘못이라고 배웠다. 향심 기도는 관상 기도와 똑같은 것이 아니다. 감각적 위로와 체험이 이 기도의 목표가 아니라는 것을, 그리고 일상 생활이 변형을 위한 진정한 전투가 일어나는 곳이라고 배웠다.

향심 기도가 아닌 것과 향심 기도인 것: 성찰을 위한 질문

1) 왜 토마스 신부는 향심 기도가 관상 기도와 동일한 것이 아니라고 강조하는가?
2) 우리가 기도에 항구할 때, 하느님의 활동은 생각에 대한 우리의 태도에 어떻게 영향을 미치는가?
3) 향심 기도는 어떤 의미에서 기술이 아닌가?
4) 향심 기도에서 우리는 과연 어떤 특정한 결과를 보증할 수 있는가?
5) 향심 기도 중에 특별한 일이 일어나리라고 기대하는 것은 왜 쓸데없는 일인가?
6) 향심 기도의 효과는 어떻게 판단되는가?
7) 성령의 열매(선물, 진복의 열매)는 향심 기도와 무슨 관련이 있는가?
8) 만일 우리가 골방에서 그리스도와 관계를 맺으면서 성장한다면, 어

떤 결과가 발생하는가?

9) 신성한 치유로 어떤 일이 일어나는가?

10) 향심 기도는 왜 긴장 이완 훈련이 아닌가?

11) 향심 기도는 왜 일종의 자기 최면이 아닌가?

12) 우리가 향심 기도의 효과를 일상으로 가져가는 데 도움이 될 다른 수련은 어떤 것이 있는가?

13) 향심 기도는 왜 은사가 아닌가?

14) 향심 기도와 관상 기도가 목표로 삼고 있는 영적 여정의 핵심은 무엇인가?

15) 향심 기도는 왜 초심리 현상이 아닌가?

16) 향심 기도는 왜 신비 현상과 같은 것이 아닌가?

17) 토마스 신부는 '순수한 사랑'에 대하여 무슨 말을 하는가?

18) 왜 향심 기도는 하느님 체험을 느끼는 것이 아니고, 추리적 묵상이 아니며, 정감적 기도가 아닌가?

19) 이 기도에서 '관계'의 중요성이란 무엇을 말하는가?

20) 향심 기도는 우리를 무엇에 길들이는가?

21) 향심 기도인 것 각각의 의미를 토론하라

　* 관계

　* 대화에서 친교로의 움직임

　* 능동적 기도를 넘어서는 움직임

　* 우리 기능의 영적 수준을 계발해나가는 방법

　* 하느님의 첫 번째 언어인 침묵을 배우는 방법

　* 믿음, 희망, 사랑의 훈련

　* 미지의 세계로 가는 여정

* 믿음의 모험, 세상 구원이라고 하는 가장 위대한 사업에 참여하라는 초대

22) 감각의 밤과 영의 밤에 정화된 우리의 믿음은 어떤 것인가?

23) "향심 기도 동안에는 모든 지향들이 성령이라는 선물을 청하는 하나의 원의 안에 포함되므로 특별한 지향으로 기도할 필요가 없다"는 말에 대해 고찰하라.

예습

네 번째 강의에서 우리는 향심 기도를 할 때의 세 가지 성향, 곧 믿음, 희망, 사랑의 수련에 대해서 배울 것이다. 그리고 이 기도의 기초가 되는 세 가지 신학적 원칙을 배울 것이다. 우리는 그리스도 안에서, 그리스도에 의한 변형이 실제로 무엇을 의미하는지 이해하기 시작할 것이다. 우리가 기도할 때 혼자 앉아 있을지라도 혼자가 아니라는 것, 즉 암묵적으로 은연중에 기도 안에서 온 인류와 함께 있게 된다는 것을 알게 될 것이다. 그래서 우리가 위로를 느끼게 되면 이것이 온 인류를 위한 것임을 이해해야 한다. 무의식의 짐을 덜어내면 그리스도의 수난에 참여하는 것이다. 그리고 변형이 어떻게 헌신과 구별되는지를 배울 것이다. 우리는 기도가 더욱 충만한 삶으로 들어가는 것임을 이해하게 된다.

향심 기도 전에 읽을 내용

성령의 관상 기도 은사는 우리가 향심 기도의 정규적 수련을 진지하게 시작하는 순간부터 우리 안에서 활동한다. 그리하여 성령께서는 지식과 이해와 지혜의 은사를 전달하기 시작하신다. 그 은사들은 서로 연관되어 있다.

그 각각의 은사들은 소중하고 쓸모가 있으며, 그 모두가 함께 활동한다. 은사들 중 어느 하나가 자라나면 그것들 모두 더불어 자라난다. 성령의 관상기도 은사는 우리 전 존재를 단단히 붙잡아 우리가 온전히 하느님께 속할 수 있게 만드는 하느님 방법이다.

-『성령의 열매와 은사』, 토마스 키팅 -

4. 향심 기도의 기본 원칙

앞장에서 언급한 향심 기도에 대한 정의 중에 믿음과 희망과 사랑의 훈련이라고 언급한 부분이 있었다. 여기서 사랑은 물론 하느님의 사랑을 말한다. 이 향주 삼덕이 하느님께서 기본적으로 사용하시는 변형의 도구이다. 그러므로 이러한 덕들과 관련하여 향심 기도 안에 있는 세 가지 활동을 구별할 수 있다.

향심 기도의 세 가지 움직임

첫 번째 성향: 자신을 하느님께 열어드림

향심 기도 중에 우리가 지니게 되는 첫 번째 성향은 믿음으로 하느님 현존에 자신을 열어드리는 것이다. 이것은 어쩌면 여러 해 혹은 그 이상 걸릴 수도 있다. 이것은 동의에 상응하는 것이다. 그래서 기도를 시작할 때 우리가 하는 주된 행위는 하느님 현존에 동의하는 것이다. 그리고 거룩한 단어나 상징으로 돌아가는 목적은 우리 의지가 그 움직임에 길들여지게 될 때까지 계속해서 지향을 새롭게 하기 위한 것이다. 그렇게 되면 그러한 움직임은 언어를 초월할 수 있고 마침내는 향심 기도의 세 번째 과정으로 들어가게 된다.

두 번째 성향: 하느님을 기다림

시간이 흐르면서 발전하게 되는 두 번째 성향은 진정으로 우리 안에 관상의 은총이 펼쳐지는 것이라고 할 수 있는데, 이것은 희망을 가지고 하느님을 기다리는 것이다. 여기서 말하는 희망은 이미 설명한 대로, 바로 지금 이 순간에 우리 자신을 온전히 하느님께 맡긴다는 의미이다.

그러므로 이제부터 희망은 우리에게 지나간 삶에 대해서 돌이켜 생각하지 말라고, 과거의 잘못이나 죄에 대해서 더 이상 슬퍼하지 말라고 한다. 그리고 이 희망은 바로 자신을 온전히 하느님 처분에 맡기는 일이 우리 자신을 하느님으로부터 분리시키는 모든 것을 제거하는 일이라고 가르친다.

하느님께서는 우리의 과거를 기억하지 않으신다

우리가 언제 어디서나 임종 직전이라도 하느님께 자신을 맡기기로 결심하는 즉시 하느님의 뜻을 거슬렀던 일생의 모든 것들이 지워진다. 하느님께서는 이러한 것들을 기억하지 않으신다. 우리가 하느님께로 돌아서기만 하면 하느님께서는 우리에게 온전히 현존하신다. 이에 대한 상징은 바로 탕자의 비유에서 볼 수 있다. 아들이 집 안으로 들어서서 모습을 나타내는 것만이 아니라 그가 "집으로 오는 길로 접어들자마자"라고 하는 말은, 아빠이신 성부께서 그를 기다리며 밖을 내다보고 계셨다는 뜻이다. 그분은 아들이 돌아올 것을 예견하고 계셨던 것이다. 그분은 아들을 기다리고 계셨던 것이다. 아버지는 아들에게 회개나 화해의 몸짓을 취한 것이 아니라 집으로 돌아온 아들을 포옹으로 맞이한 것이다. 하느님께서는 오로지 그 젊은이의 비참한 처지에 대해서만 관심을 가지고 계셨다.

희망의 의미

그래서 희망이라는 단어의 의미를 파악하는 것이 중요하다. 그것은 우리 과거를 가리키는 말이 아니다. 희망은 우리 과거가 어떠했던지 간에 아무런 상관을 하지 않는 것처럼, 우리 선행(우리가 기도를 드렸던 모든 시간들과 우리가 선행을 베풀었던 모든 시간들)에 거는 어떤 기대도 없애버린다. 희망은 현재 순간에 존재하며, 현재 순간 속에는 무엇보다도 하느님께서 평생 동안 우리가 행하도록 고무해주신 선행들이 포함된다. 그렇지만 그것은 더 이상 우리의 것이 아니다.

여기에는 소유도 없고 그 이상의 보상에 대한 기대도 없다. 이미 말한 대로 사랑은 그 자체가 보상이다. 향심 기도를 오래하면서 자라나는 두 번째 성향은 정확히 말해서 자기 승복이다. 먼저 동의가 있고 그 다음으로 자기 승복이 따라온다.

세 번째 성향: 변형

향심 기도의 세 번째 성향은 변형이다. 이 변형의 과정에 대해서 우리는 아무런 통제력도 가지고 있지 않다. 단지 우리가 할 수 있는 일은 하느님의 특별한 은총과 깊은 정화의 순간들을 통해서 하느님께서 행하시는 방식을 받아들이는 것뿐이다. 여기서 정화란 실제로 우리 안에 있는 하느님의 사랑에 장애가 되는 모든 요소로부터 해방되는 것이다. 그래서 향심 기도가 충만한 관상 생활로 발전됨에 따라 우리를 점차 수련에 임할 수 있게 하는 성향, 그것은 바로 희망으로 하느님을 기다리고, 사랑으로 하느님께 자신을 내어드리는 것이다.

신학적 원칙

이제 우리는 무엇이 향심 기도의 기본적인 원칙인가, 더 정확하게 말해서 향심 기도의 신학적인 원칙은 무엇인가에 대한 의문을 갖게 된다. 이러한 원칙은 관상 기도를 위해 사용되는 모든 형태의 준비 과정에 적용되는 것이다. 이 원칙은 세 가지로 나뉠 수 있으며 이것들은 여러 시대의 모든 위대한 그리스도교 신비주의 가르침들의 특징이다.

하느님의 내주에 대한 믿음

첫 번째 원칙은 가장 거룩하신 삼위가 우리 안에 거주하고 계시다는 믿음이다. 유감스럽게도 사실상 영적 여정의 기초가 되는 이 원칙, 가장 근본적인 이 원칙이 신학 공부를 통해서나 설교를 통해 그렇게 많이 전달되지는 않는다. 우리가 신학 공부나 성경 공부 중에 하느님께서 우리 안에 현존하신다는 원칙을 거듭해서 들어본 적이 얼마나 될까? 이것은 세례 때 혹은 세례를 받기 원할 때 우리 모두가 받게 되는 은사이다.

이미 받은 은총

믿을 수 없을 만큼 놀라운 사실은 우리가 이러한 신적 일치로 나아가는 데 필요한 모든 은총을 필요 이상으로 이미 우리 안에 간직하고 있다는 사실이다. 그리고 우리가 이렇게 부름 받았다고 느끼고, 은총을 내리시어 일치와 '비이원성' 단계(이는 혼례의 신비를 통해 다가온다)까지 넘어설 수 있게 된다면, 우리는 타자 곧 그리스도 혹은 하느님께 승복한 것이라 할 수 있다. 이와 같은 엄청난 변화도 아직 여정의 끝이 아니다. 그것은 혼례적 일치를 넘어서는 것으로, 하느님께서 일생을 통해 우리와 함께 동반하신다는 데 대한 항구한 인식 중에 지니게 되는 일치 의식이나 믿음의 더욱 심오한 비이원성을 말한다.

성경의 표현

말하자면 우리는 상당히 그리스도로 변형되었기 때문에 어떤 의미에서 하느님 말씀이 된 것이며, 그리스도의 마음을 나타내는 성령의 열매를 통해 복음 말씀을 드러내고 있다. 또한 그리스도와 진복의 열매를 통해 우리 안에서 이루어지는 부활을 드러내고 있다. 진복은 간단히 말해서 우리 안에 있는 하느님 생명의 최고의 표현이다. 우리가 정규적으로 매일 두 번씩 혹은 그 이상 수련하고 우리가 어디에 있든지 우리가 처한 위치와 직무에 맞추어 하느님 현존을 기억하려고 노력하게 되면, 그러한 수련은 우리 안에 삼위일체 하느님께서 현존하신다는 인식을 계발하는 데 도움을 준다.

변형일치의 예

내가 움직이면 누가 움직이는가? 그것은 내 안에 계신 하느님께서 움직이시는 것이다. 내가 자연 안에서 하느님을 알아뵐 때, 바람결에 나뭇잎이 마치 나를 향해 손짓하는 것 같은 흔들림을 볼 때 나뭇잎은 나를 향해 손짓하는 것이 아니라 내 안에 현존하시는 하느님을 향해 손짓하는 것이다. 그리고 내 안에 현존하시는 하느님께 손짓하는 이는 사실은 나뭇잎 안에 현존하시는 하느님이시다. 달리 말하자면, 하느님께서 영원히 하느님께 인사드리고 계시는 것이다.

이것이 모든 피조물 안에 계신 성삼위의 기쁨이다. 하느님께서는 모든 피조물 안에 온전히 현존하신다. 인간 안에 계시는 하느님께서는 우리가 그러한 현존을 인식하고 그 현존과 관계 맺기를 원하신다. 바로 이것이 향심 기도가 추구하는 바이다.

하느님의 초대

우리는 때를 가리지 않고 이러한 원칙을 배워야 한다. 향심 기도를 하려고 앉을 때마다, 우리는 의자나 바닥에 앉기만 하는 것이 아니라 하느님의 내주에 온전히 잠기는 것이며, 우리 안에서 성부와 성자와 성령이신 삼위의 내적 삶이 진행되고 있음을 기억해야 한다. 이와 같이 성삼위의 온전한 자기 증여와 무소유의 태도는 우리 내면에서 이루어지는 움직임이며 우리도 그 축제에 참여하라는 초대, 말하자면 하느님의 사랑이 충만한 그 흐름 안으로 들어오라는 초대이다. 이러한 하느님 사랑의 충만한 흐름이란 창조를 통해 성삼위로부터 끊임없이 흘러나오며, 모든 피조물을 아버지의 품 안으로 다시 모아들이는 것을 말한다. 특별히 이 흐름은 의식적으로 그리스도와 함께 압바의 품 안으로 되돌아가려는 사람들을 모아들인다. 하느님의 내주는 추상적인 것이 아니다. 그것은 압바이며 아빠이다. 그것은 숨결보다, 생각보다, 의식 그 자체보다 우리에게 더 가까이 계신 실재이다. 이것이 바로 향심 기도 수련이 바탕을 두고 있는 기본적인 원칙이다.

파스카 신비에 초점을 맞춘다

향심 기도의 첫 번째 원칙과 동등한, 적어도 실제적인 관점에서 중요한 두 번째 원칙은 향심 기도가 그리스도의 수난과 죽음, 부활의 파스카 신비에 초점을 두고 있다는 것이다. 골방에 들어가 문을 닫으면, 심지어 우리가 집단으로 기도를 한다 할지라도, 우리는 외부 환경과 사람들의 감각적 현존으로부터 벗어나서 영적 현존으로 그들과 결합하여(하느님께서는 영적 현존으로 각자 안에 머물고 계시기 때문에) 또한 하느님의 자녀로서 경험하는 일치감을 민감하게 느낄 수 있게 된다. 형제 자매로서 맺어진 관계의 깊이는 원수 관계보다, 심지어 친구 관계보다 더 깊은 것이다. 우정은 훌륭한 것이다. 우리는 그리스도와 이러한 우정을 누리고 있다. 그러나 우리가 하나인 이유는 우리 모두가 하느님의 자녀들이며 하느님께서 우리 모두를, 놀랍게도 우리의 적까지도 사랑하시기 때문이다.

온 인류가 우리와 동행한다

우리가 향심 기도를 하면서 앉아 있다면 혼자서 기도를 할 때조차 개인 기도를 하는 것이 아니다. 하느님의 내주를 받아들이는 움직임은 우리가 하느님과 생명과 모든 피조물의 궁극적 실재 안으로 들어감을 의미한다. 그러므로 우리가 앉아서 의도적이고도 암묵적으로(말을 하지 않기에 암묵적이라고 한다) 우리 자신을 여정에 들어서도록 하면, 온 인류가 우리와 함께 가게 된다. 이러한 연대는 우리 자신을 하느님께 열어드림을 넘어서 하느님을 기다리는 단계로 들어갈수록 그리고 하느님과의 일치로 더 깊이 들어갈수록 더 강해진다. 이것(개방, 기다림, 일치)이 향심 기도가 발전하는 세 단계이다.

그리스도의 수난에 참여한다

그래서 우리가 개인적으로 바치는 기도는 개인 기도가 아니다. 이러한 수준의 기도에서는 개인 기도 같은 것은 없다. 우리가 마치 십자가상의 그리스도와 같은 처지에 있는 것처럼 앉아서 기도하고 있으면, 인류의 모든 욕구는 우리와 합쳐진다. 어떤 고고학자는 예수님 시대의 십자가에는 툭 불거진 부분들이 있어서 십자가에 매달린 사람은 불편한 자세를 취해야 했고, 그래서 고통이 더 계속되었다고 전한다. 예수님은 그런 의미에서 아무리 고통스러워도 앉아 있을 수 없었다. 우리가 앉아서 기도할 때 우리는 암묵적이기는 하지만 의도적으로 그리스도의 수난과 죽음, 부활로 들어가며 거기에 동참하게 되는데, 그런 의미에서 우리의 기도는 우리 자신의 속량만을 실현하는 것이 아니다(*역주: 우리의 속량에서 더 나아가 예수님의 파스카 속으로 들어가는 일과 예수님의 파스카에 동참하는 일이 실현되는 것이다). 이러한 과정에서 그리스도께서는, 이전에 언급했던 것처럼, 우리를 구석구석 치유해주신다.

성령께서 우리 안에서 기도하신다

게다가 그리스도께서는 우리 안에서 우리를 통해서 계신다. 그리고 성령께서는 우리 안에서 온 인류를 위해 기도하시기 때문에, 다른 모든 사람들도 하느님께서 행하시는 구원의 충만함을 경험할 수 있는 것이다. 그 구원의 충만함이란 우리 안으로부터, 그리고 우리 존재의 깊은 곳으로부터 우리의 모든 기능들이 속속들이 하느님과 일치하는 변형을 말한다. 이것은 그리스도인의 관점에서 볼 때, 우리의 신체 그리고 신체의 세포나 최소 입자에 이르기까지 변형하는 것을 말한다.

하느님의 현현이 된다

우리는 기도 중에 치유와 기쁨을 경험할 수 있지만, 이 치유는 우리 자신만을 위한 것이 아니라 기도를 마치고 나왔을 때 사람들을 새로운 태도로 대하도록 만들기 위한 것이다. 또한 우리가 가진 재능이나 직무를 통해서, 우리가 가진 은총의 수준에 따라, 그리스도께서 우리 안에서 다른 사람들에게 손길을 뻗칠 수 있게 하는 것이다. 그리하여 일상 생활이 하느님의 현현이 되는 것이다. 우리가 만일 나무라면 잎사귀를 흔들어댄다. 그리고 사람인 우리는 그에 답하여 손을 흔든다. 우리가 사람이기 때문에 자신의 손을 흔들어 응답한다는 사실을 알고 있다. 나뭇잎들이 어느 정도의 의식을 실제로 가지고 있는지 모르지만 나는 그것들이 확실히 열정적으로 보인다.

온전히 자신을 내어주신다

우리는 위로를 경험하지만 이것도 우리 자신만을 위한 것이 아니다. 우리는 신성한 치유를 경험하게 된다. 이것은 하느님의 순수한 사랑으로 가는 데 장애가 되는 모든 것을 치유하는 것이다. 이 순수한 사랑은 무소유의 것이며 자신을 완전히 내어주는 것으로서, 성삼위 안에 자신을 바친다.

하느님의 사랑에는 어떤 에너지가 있다. 하느님께서 "그래 너는 좋은 사람이다. 나는 너를 좋아한다"라고 말씀하시는 것뿐만 아니라 거기에는 엄청난 에너지, 때로는 무서울 정도의 에너지가 있다. 달리 말해 하느님의 사랑이 잠시 절제를 잃고 우리를 힘차게 껴안아주시는 것이다. 그래서 만일 하느님께서 우리들이 인간일 뿐이라는 점을 개의치 않으신다면, 이 과정에서 우리는 부서져 죽을지도 모른다. 오직 사랑 때문에 말이다. 이러한 이유 때문에 하느님께서 자신의 사랑의 열정으로 우리를 너무 꼭 껴안으시면 우리는 아마도 그것을 고통이나 처벌, 혹은 죄책감이나 두려움, 공포로 경험할 것이다. 하지만 이것은 우리의 해석일 뿐이다. 그것은 이러한 해석과는 아무런 상관이 없으며 이러한 해석은 핵심을 놓치는 것이다.

일종의 죽음

그래서 무의식을 덜어내는 고통을 겪거나, 우리 인격의 어두운 면을 바라보거나, 어디에서 오는지조차도 모르는 원시적인 감정들을 경험하게 되면, 우리는 단지 희망을 가지고 기다릴 뿐이다. 이것은 그리스도의 수난에 동참하는 것이다. 어두운 영의 밤에 이러한 그리스도의 수난은 일종의 죽음을 향해 나아간다. 그리하여 결국 이러한 과정이 완전히 진행되면 우리 거짓 자아의 진정한 죽음이 온다. 달리 말하면 우리의 행복을 추구하는 프로그램에 쏟아부은 에너지와 다른 사람들이 바라는 대로 되기 위해 노력하는 우리의 문화적인 조건화에 매달렸던 모든 에너지들이 상대화되고 축소된다.

오늘은 뭐가 안 되는 날인가보다

물론 우리에게는 이러저러한 것들을 바라는 본능적인 움직임들이 있을 수 있다. 그러나 우리를 충동질하는 에너지는 더 이상 없다. 따라서 우리는 뭐가 잘 안되면 '아마도 오늘은 뭐가 잘 안 되는 날인가보다' 하고 넘어가면 된다. 그러면 그것이 우리를 괴롭히지 않는다. 그것이 우리 내면 깊이 들어가 분노, 낙담, 탐욕 혹은 다른 쓰라린 정서들을 불러일으키는 일도 없다. 이것이 향심 기도의 중요한 초점이다.

우리가 기도 중에 어려움을 겪는다면, 우리는 그리스도의 수난에 참여하는 것이기 때문에 결코 혼자가 아니다. 우리의 고통이 무엇이든 그것은 단지 우리의 것만은 아니다. 우리는 하느님의 고통의 신비 안으로 들어가기 시작한다. 신비한 방법으로 모든 고통 받는 사람들 안에서 고통을 받으시는 분은 바로 하느님이시다.

그래서 결국은 자신이나 다른 사람들 안에 있는 고통을 바라보는 태도가 올바르게 바뀌게 된다. 바로 여기서 모든 비극 위에 희망이 떠오르고, 가장 가공할 만한 인간의 파괴와 폭력 안에서도 평화를 발견하게 된다. 동시에 우리는 불가능하게 보이는 상황 속으로, 그리고 하느님의 사랑을 원치 않는 사람들에게도 하느님의 사랑을 나눠주도록 감도를 받는다.

무한한 자유

그러므로 향심 기도는 신심 활동(공로를 쌓기 위해서 하는 기도나 활동)에 속하지 않는다. 이 기도는 그런 수준의 관심을 넘어서는 기도이다. 우리가 이제는 우리의 숙명이나 운명 같은 것에 관심을 쏟는 것이 아니라, 우리에 대한 하느님의 뜻에 관심을 갖기 때문이다. 그래서 무엇이 일어나든지 간에 그것에 적응하고 다른 사람들에게 사랑으로 다가갈 수 있는 엄청난 자유가 생긴다.

공동체 형성

오랜 수련으로 점차 생겨나는 세 번째 원칙은, 이 기도로 자연히 공동체가 형성된다는 것이다. 그것은 스스로를 드러내야 한다. 그래서 향심 기도는 개인 기도가 아니라고 말하는 것이다. 우리는 이 기도를 함께하는 다른 사람들과 깊은 연대감을 느낀다. 다른 모든 사람들과 점점 더 깊은 연대를 느끼며, 실로 모든 피조물, 모든 자연과도 연대감을 갖는데, 그 안에서 하느님께서는 당신을 드러내신다. 이리하여 우리는 극대에서 극소까지, 우주에서 가장 작은 생물 단위에 이르기까지 존재하는 모든 것 안에 계신 하느님 현존을 깨닫고 알아보게 된다.

백억의 세균들

언젠가 핀 끝에 100억의 세균을 올려놓을 수 있다는 기사를 읽은 적이 있다. 우리가 알지 못하는 수준에서 많은 일이 벌어진다. 우리 위장에도 100억의 세균들이 어느 정도 평화롭게 살고 있다고 한다. 위장 벽이 손상될 때만 우리는 아프고 병들게 되는 것이다.

온전한 자기 승복에 투신한다

　　변형은 신심 활동과는 다르다. 신심 활동은 하느님과의 관계를 개선하거나 공로를 쌓기 위한 것이다. 변형은 완전한 자기 승복에 자신을 투신하는 것이다. 달리 말해 성삼위와 맺는 관계가 우리 삶의 주된 사업이 된다는 뜻이다. 그래서 파스카 신비는 그리스도께서 수난과 죽음, 부활을 통해서 세상을 구원하신 그 과정을 나누는 것이다. 우리 안에서 이루어지는 그리스도의 내적 부활은 매일의 삶 안에서의 관상 기도 효과, 즉 성령의 열매(갈라 5, 22)와 진복의 열매(마태 5장)에 의해 나타난다.

더할 나위 없이 충만한 삶

　　향심 기도는 우리가 몸과 마음과 영을 껴안는 더할 나위 없이 충만한 삶 안으로 들어가도록 해주며, 가장 심오한 방법으로 우리를 하느님의 내주와 관계를 맺게 하고 그리스도의 희생의 신비와 연결해준다. 그리스도 희생의 신비는 하느님 사랑의 깊이를 탁월한 방식으로 드러낸다. 하느님께서는 우리 구원을 위해 당신 외아들을 내어주시고, 우리도 부르심을 받은 대로 할 수 있는 한 그 사업에 동참하라고 초대하신다.

기도가 잘 안 되는 날

　　이 방법에 있어, 한 부분으로서의 거룩한 단어는 향심 기도 첫 번째 단계에서 가장 중요하다. 이것(*역주: 향심 기도 첫 번째 단계에서 거룩한 단어의 역할)은 우리 내면의 하느님 현존에 우리를 열어드리는 것이다. 그것(*역주: 거룩한 단어를 사용해서 하느님 현존에 우리를 열어드리는 일)은 희망으로 하느님을 기다리는 두 번째 단계에서도 계속된다. 우리 내면의 하느님 현존에 사로잡히지 않고 우리 의지가 어떤 생각에 흥미를 갖게 될 때, 우리는 거룩한 단어로 돌아갈 필요가 있다. 그러나 거룩한 단어는 방법상 다음과 같은 의미로 그 역할이 끝난다. 즉 기도가 잘 안 되는 날에는 거룩한 단어를 언제든지 계속 사용할 수 있다. 그리하여 똑같은 단어를 계속 표현하다보면, 점차 잠재의식으로 들어가서 자동적으로 그 단어가 표현되기 때문이다.

하느님 현존에 조율된다

그러나 두 번째 단계에서 사랑으로 하느님과 일치를 이루는 세 번째 단계로 넘어가게 되면, 우리의 의지는 지향을 나타내기 위해 거룩한 단어로 돌아갈 필요 없이 영적으로 습관적으로 끊임없이 하느님께로 향하게 된다. 달리 말하자면 이제는 영적인 의지가 하느님 현존과 조율되어 단순하게 항상 하느님께로 나아가는 것이다. 그러므로 지금은 그 움직임을 유지하기 위해서 상징을 필요로 하지 않는다. 필요로 하더라도 아주 드물게 필요로 한다. 그래서 우리 기도는 이때부터 성령께서 원하시는 대로 우리 안에서 기도하시는 성령께 점점 더 의존하게 되는 것이다. 그러면 성령께서는 우리의 기도를 완전하게 떠맡으신 후, 의견의 은사를 통하여 일상 생활에서 우리가 어떻게 행동해야 하는지 그리고 무엇을 해야 하고 무엇을 하지 말아야 하는지를 아주 자세하게 조언해주신다.

새로운 이름

향심 기도는 아주 전통적인 기도이다. 이것은 그리스도교 전통에서 존중되어 온 기도에 새로운 이름을 붙인 것이다. 이것은 현대인의 요구에 맞는 방법으로 그 기도를 제시하도록, 혹은 체계적인 의사소통 방법에 익숙한 현대인들이 더욱 잘 받아들이도록 채택된 것이다. 무엇보다도 향심 기도의 새로운 점은 우리 자신과 더불어 하느님과 함께 영적 여정을 시작한다는 것이다. 그래서 관상 기도를 준비하기 위해 우리의 다른 기능들을 개발하는 대신('내가 어떻게 하고 있는가?' 하는 식으로 주의를 우리 자신에게 향하게 하는 대신), 향심 기도는 하느님의 내주로 그 여정을 시작한다.

복습

지난 강의에서 향심 기도는 관상 기도와 같은 것이 아니라는 점을 강조했다. 하느님의 활동은 우리가 스스로를 우리 생각과 동일시하지 않고 초연해지도록 돕는다. 우리는 향심 기도를 기술과 같은 것으로 생각해서는 안 된다. 왜냐하면 기도한다고 해서 어떤 결과가 보증되는 것은 아니기 때문이다. 그러나 우리가 확신할 수 있는 유일한 것은 하느님께서 우리의 지향을 존중해주신다는 것이다.

기도의 결과들은 성령의 열매와 은사 그리고 진복의 열매를 드러내는 우리의 능력이 증가함으로써 우리의 일상 생활에서 드러나게 될 것이다. 우리가 거룩한 단어로 돌아갈 때마다, 우리는 우리 안에 하느님께서 현존하시고 활동하심에 동의하는 우리의 원래의 지향으로 되돌아간다. 기도 중에 이와 같이 동의가 반복되는 동안 신성한 치료자께서 우리 존재의 심연에서 우리 상처를 치유하신다. 기도의 결실은 성령의 열매와 은사 그리고 진복을 드러내는 우리 능력이 증가함에 따라 매일의 삶에서 볼 수 있을 뿐이라고 배웠다. 우리는 기도를 긴장 이완이나 일종의 자기 최면, 성령의 카리스마적 은사로 생각해서는 안 된다고 배웠다. 기도는 일종의 초 심리적 또는 신비적 현상을 목표로 삼지 않는다. 그것은 추리적 묵상이나 정감적 기도와 다르다.

향심 기도의 기본 원칙: 성찰을 위한 질문들

1) 향심 기도에서 믿음과 희망과 사랑에 부합하는 세 가지 행위 또는 성향은 무엇인가?
2) 기도를 시작할 때 우리가 하는 주된 행위는 무엇인가?
3) 우리가 하느님께로 돌아서기만 하면, 하느님께서 어떻게 하시는가?

4) 변형의 과정을 서술하라.

5) 향심 기도의 신학적 원칙은 무엇인가?

6) 영적 여정의 기초가 되는 것은 어떤 원칙인가?

7) 혼례의 신비를 능가하는 은총은 무엇인가?

8) 65쪽의 '성경의 표현' 단락에 대해 시간을 내어 토론하라.

9) 내가 움직일 때, 누가 움직이는가?

10) 우리가 향심 기도를 하려고 앉을 때마다, 우리는 무엇을 행하는가?

11) 토마스 신부는 성삼위의 내밀한 생명을 어떻게 묘사하는가?

12) 향심 기도는 어떤 방식으로 파스카 신비에 초점을 맞추고 있는가?

13) 우리가 이 기도를 할 때 비록 혼자 있을 수도 있지만, 우리가 '개인 기도를 행하는 것이 아님'이 어떻게 가능한가?

14) 우리가 자리에 앉을 때 어떤 방식으로 인류의 모든 욕구가 우리와 함께 하는가?

15) 하느님께서 행하시는 구원의 충만함이란 무엇인가?

16) 우리가 자리에 앉을 때 성령께서는 어떻게 우리 안에서 온 인류를 위하여 기도하시는가?

17) 이 기도에서 우리는 어떻게 치유를 체험하는가?

18) 무의식의 짐을 덜어내는 일은 어떤 방식으로 그리스도의 수난에 동참하는 것이 되는가?

19) 영의 밤이 어떻게 일종의 죽음이며 그리스도의 수난과 같은가?

20) 이 기도가 어떻게 우리 자신의 숙명이나 운명에 관심을 가지는 것을 넘어서서 우리에 대한 하느님의 뜻에 관심을 가지도록 이끄는가?

21) 이 기도는 어떻게 공동체를 건설하는가?

22) 변형은 신심 활동과 어떻게 다른가?

23) 두 번째 단계에서 사랑으로 하느님과 일치하는 세 번째 단계로 넘어감에 따라, 의지에 일어나는 일은 무엇인가?

24) "우리 기도는 이때부터 성령께서 원하시는 대로, 우리 안에서 기도하시는 성령께 점점 더 의존하게 되는 것이다"를 설명하라.

25) 향심 기도는 누구와 함께 영적 여정을 시작하는 것인가?

예습

다음 강의에서 우리는 향심 기도는 하느님과의 관계이면서 동시에 그 관계를 촉진시키는 훈련이라는 것을 배울 것이다. 향심 기도는 더 이상 추리적이거나 사색적이지 않고 하느님 안에서의 단순한 쉼이다. 이 기도를 하는 데 있어서 잘못된 방법이란 있을 수 없다. 우리가 이 기도를 정확히 행하지 않는다는 식의 말도 있을 수 없다. 하느님께서는 우리가 얼마나 실수할 것인지에 상관없이 우리의 지향을 존중하신다. 이 기도에서 중요한 것은 단지 기도를 하는 것이다.

다음 강의에서 향심 기도의 네 가지 지침을 재고찰할 것이며, 각각의 지침 내용을 더 깊이 살펴볼 것이다. 그러면서 우리가 변형되기 위해서는 우리가 하느님께 자신을 열어드리는 것과 하느님 안에 우리 자신을 내맡기는 것이 중요한 것임을 강조할 것이다. 하느님의 사랑은 온전히 내어주는 것인 것처럼, 우리 역시 그렇게 자신을 온전히 내어주도록 초대받는다.

향심 기도는 우리 자신이 예수님의 속량적 태도와 파스카 신비에 몰입하도록 우리를 이끈다. 향심 기도 안에서 우리의 기도는 암묵적으로 하느님께서 바라시는 모든 것을 청하는 기도가 된다. 신성한 치료자께서는 하느님과의 보다 가까운 일치를 가로막는 무의식에 있는 프로그램을 치유하고자 활동하신다. 그리하여 이 기도는 우리를 참자아의 가장 깊은 수준으로 움직여 가게 하여, 하느님의 생명과 현존에 참여하게 해준다.

향심 기도 전에 읽을 내용

우리가 정규적으로 내적 침묵을 수련하게 되면, 하느님 현존의 빛이 우리를 비추기 시작할 것이다. 우리가 우리의 중심으로 이끌린다는 것은 하느님께로 이끌리는 것이라고 십자가의 성 요한은 말한다. 만일 우리가 장애물, 즉 거짓 자아를 제거하고 하느님께 승복한다면, 우리는 심령의 여러 단층들을 통과하여 실로 우리 존재의 중심 내지는 핵심에 도달하게 된다. 아직은 우리가 나아갈 수 있는 더 깊은 중심이 하나 더 남아 있다. 바로 성삼위, 즉 우리 존재의 가장 깊은 중심에 내주하시는 성부, 성자, 성령이 바로 그것이다. 바로 이 현존으로부터 우리의 전 존재가 매 순간 솟아나는 것이다.

 -『세상의 중심』, 토마스 키팅 -

5. 향심 기도 방법 (1)

향심 기도는 하느님과의 관계이다

여기서 우리가 반드시 기억해야 할 것은, 방법으로서의 향심 기도는 동시에 두 가지이며, 둘 중 어느 하나도 절대 무시해서는 안 된다는 것이다. 향심 기도는 하느님과의 관계이며, 그렇기 때문에 우리는 향심 기도 방법 전수 이전에 첫 번째 강의에서 관계로서의 기도를 다룬다. 우리는 향심 기도 방법을 그리스도교 관상 전통 안에, 더 정확히는 렉시오 디비나 전통 안에 자리매김 하려 애쓴다. 그러나 그 전통 안에서 향심 기도 방법은 렉시오 디비나의 네 가지 단계 중 어느 하나와도 동일시되지 않는 한 부분이 된다.

렉시오 디비나는 추리적 묵상과 사색하는 측면, 내적인 시각화의 측면에서 출발하여, 하느님 안에서 쉼에 이르는 움직임, 즉 생각과 개념을 넘어서서 단지 하느님 현존 안에 머물면서 느껴지든지 느껴지지 않든지 간에 신성한 감각 속에 침잠하는 움직임을 촉진한다.

향심 기도는 정신 수련이 아니다

그래서 관계를 강조하지 않고 방법만 전달하는 것은 우리가 쉽게 실수를 저지르거나 혼동을 일으키는 원인이 된다. 만일 기도로서의 관계를 강조하지 않는다면, 그 수련은 별 의미가 없어진다. 왜냐하면 향심 기도는 정신 수련이 아니기 때문이다. 이것은 정신이나 혈압을 조절한다든지, 아니면 머리카락 같은 것을 기르도록 도와주기 위한 것이 아니다. 이것은 무엇보다도 관계이며 방법은 전적으로 그 관계를 도와주기 위한 것이다. 따라서 그런 시각으로 지침을 보도록 하자.

지향이 중요하다

이 강의에서 우리는 방법을 강조하고 있기 때문에, 어쩌면 우리는 방법에 너무 집착하여 '그 방법을 아주 정확하게 실천해야만 해'라고 말하기 쉽다. 그러나 향심 기도는 언제나 하나의 관계이다. '향심 기도는 관계이다'라는 표현은 다른 어떤 수련과는 달리 비록 방법을 정확히 행하지 않는다 할지라도, 크게 문제될 것이 없다는 것을 의미한다. 만일 우리가 방법을 정확히 행한다면 우리에게 도움이 되기는 하겠지만, 그것이 중요한 것은 아니다. 중요한 것은 바로 우리의 지향이다.

그 관계는 하느님과의 관계이며, 하느님께서는 우리가 아무리 실수를 많이 할지라도, 우리가 최선을 다해 잘 해보려고 애쓰는 모습을 보신다. 하느님은 우리와 적대적이 되어서 우리의 실수를 마음에 품고 계시는 그런 분이 아니다. 그분은 우리의 사랑을 바라보고 계신다. 우리는 다른 사람들을 통해서, 또는 책을 통해서, 결국 성령의 영감을 통해서, 자신이 저지르고 있는 어떠한 실수라도 교정해 나갈 것이다. 향심 기도를 하면서 우리가 해야 할 중요한 일은 향심 기도, 그것을 행하는 것이다.

행하는 것이 첫째가는 수련이다

향심 기도의 으뜸가는 방법은 기도하기 위해서 자리에 앉는 것이다. 이것은 그리 어렵지 않다. 일단 자리에 앉아, 특히 우리가 동의한 20분 내지 30분을 앉아 있기로 결심한다면, 성령께서 우리를 사로잡으신다. 그리고 만일 우리가 날마다 그것을 실천한다면, 실수나 잘못된 판단들은 점차 사라질 것이다. 행하는 것, 바로 기도를 하는 것이 첫째가는 훈련이다. 이렇게 앉아 있는 것을 용이하게 해주는 방법들이 있다. 다음의 지침을 보도록 하자.

네 가지 지침들

하느님께서 내 안에 현존하시고 활동하심에 동의한다는 지향의 상징으로 거룩한 단어를 선택하라

하느님 현존과 활동에 주목하라. 따라서 우리는 역동적 관계, 즉 전진과 후퇴를 반복하며, 친교로 옮겨왔거나 그 방향으로 나아가고 있는 대화를 다루고 있는 것이다.

편안하게 앉아 눈을 감고 잠시 마음을 가라앉힌 다음, 하느님께서 내 안에 현존하시고 활동하심에 동의한다는 지향의 상징으로 거룩한 단어를 부드럽게 도입하라

두 번째 지침은 다음과 같다. 편안하게 앉아 눈을 감고 잠시 마음을 가라앉힌다. 그리고 얼마간 아무것도 하지 않은 채 그냥 쉬면서 시간을 보낸다. 10초 내지 15초 정도 고요함을 유지할 수 있다. 거룩한 단어를 아주 부드럽고 아주 가볍게, 어떤 특정한 형식 없이 도입한다. 이 거룩한 단어는 우리 안에 하느님께서 현존하시고 활동하심(이 둘은 항상 동행한다)에 우리 의

지로 동의하는 데 대한 상징으로서 우리가 첫 번째 지침에서 선택했던 것이다. 하느님은 조각상이 아니다. 그분은 우리 안에 계신 정적인 힘(활동 없이 가만히 힘만 지니신 분)이 아니다. 그것은 믿음 안에서 이뤄지는 사랑의 관계이다. 게다가 하느님의 영은 온갖 것들을 행하실 수 있고 온갖 것들을 제안할 수 있다. 그리고 그분은 그렇게 하신다.

생각을 알아차릴 때, 거룩한 단어로 아주 부드럽게 되돌아가라
  1. 생각은 불가피하고 필연적이며 정상적이다.

이것은 단지 다양한 생각, 느낌, 지각, 방 안의 소음, 기침소리, 기억, 상상, 시각적 표상, 일종의 꿈 같은 것들이 있을 것이라는 사실을 말하고 인정하는 것이다. 우리가 기도하기 위해서 자리에 앉을 때, 이러한 모든 심리적인 요소들이 의식의 강을 따라 흘러 내려올 것이다. 그리고 이것은 불가피하고 필연적이며, 정상적인 것이라 할 수 있다.

만일 우리가 분심에 관한 그동안의 가르침, 즉 분심은 해롭고 우리 기도를 방해하는 것이라는 가르침을 받아왔다면, 갖가지 분심들이 정상적이라는 것, 즉 분심을 몰아내려 할 것이 아니라 분심에 집착하지 말아야 한다는 것을 아는 것이 굉장히 중요하다.

  2. 관심을 주지 마라.

만일 우리가 추리적 묵상을 행하고 있고 어떤 특정한 것만을 생각해야 한다면, 그때 다른 생각들은 분심이며 우리의 묵상과 기도를 방해한다. 그러나 향심 기도는 그러한 인식의 수준을 넘어서며, 그것은 일상의 생각들이나 또는 우리가 매일 경험하는 심리적인 인식 활동들을 개의치 않도록 하기 위해 고안된 것이다. 그래서 우리는 추리적 묵상을 하는 그런 수준에 머물러

있지 않게 된다. 따라서 거리의 소음이나 슈퍼마켓의 배경 음악에 아무런 주의를 주지 않고 견뎌내는 것과 흡사하게, 우리는 이러한 생각들을 개의치 않는다.

3. 저항하지 마라.
이러한 생각들에 대해 저항하지 않는 것이 중요하다. 생각들에 대해 기꺼워하는 태도를, 가장 지독한 생각에 대해서도 친근한 태도를 지니는 것이 중요하다. 어떤 생각에 오래 머물러 있거나 그것에 반응하는 것은 아니지만, 생각이 당연히 일어날 것이라고 예상하는 것이 중요하다. 생각은 정상적이고 필연적이다. 우리는 그것을 미소로, 말하자면 내심의 미소로 받아들인다. 유쾌한 태도가 좋다. '또 생각이 시작되었군, 하하하!'라고 해보라.

4. 또 다른 생각.
어떠한 정서적 좌절이나 불쾌감, 그리고 고통이나 슬픔도 또 다른 생각이기 때문에, 이는 향심 기도 중에는 적절치 못한 태도라는 것이다. 이러한 것들은 정서적인 짐이 되어 이 기도에서 바로 다음 목표인 내적 침묵으로 들어가는 데 있어서 지나가는 가벼운 생각들보다 더 큰 장애가 되기 때문이다. 결과적으로 우리가 그 생각들을 귀찮게 여기자마자 첫 번째 생각들보다 훨씬 더 혼란스럽게 하는 이차적인 생각들을 만나게 되는 것이다. 그래서 수많은 생각과 끝없는 생각들이 있으리라는 것, 그리고 수련을 하면서 그것들 대부분을 무시할 수 있으리라는 점을 당연하게 여기는 데에 엄청난 지혜가 있다.

5. 전문적이고도 포괄적인 용어.
생각이라는 용어는 향심 기도 수련에서 전문적이고도 포괄적인 용어이다. 우리는 다른 용어를 사용할 수 있었지만, 이 단어를 고정된 용어로 사용해왔으며, 다음과 같은 모든 종류의 지각에 해당되는 것으로 사용해왔다. 예를 들면, 내적 감각, 외적 감각, 기억, 느낌, 정서, 계획, 비평과 같은 것들이다. 어쨌든 어떠한 지각도 향심 기도에서는 생각으로 간주된다.

이것은 우리에게 어떤 지각 작용이 일어나고 있음을 알아차릴 때마다, 세 번째 지침에 따라 아주 부드럽게 거룩한 단어로 돌아가는 것을 의미한다. 이는 거룩한 단어가 그 안에 생각을 멈추게 하는 어떤 기적적인 힘을 지니고 있기 때문이 아니다. 따라서 마치 불도저를 사용하듯, 또는 야구방망이로 여러 가지 생각들을 야구장 밖으로 쳐내듯, 거룩한 단어를 이용하는 것은 잘못된 것이다.

6. 가능한 한 애쓰지 말라.

이 기도는 완전히 비폭력적이다. 사실 그것은 될 수 있는 한 노력을 기울이지 않는 것이며, 그리하여 '아주 부드럽게'라는 용어는 최소한의 행동으로 거룩한 단어로 되돌아가라는 의미이다. 뿐만 아니라 되돌아가는 행동이 향심 기도에서 우리가 시작하는 유일한 행동이다. 달리 말해, 우리가 유쾌한 생각이나 불쾌한 생각(이런 종류의 생각은 생각을 무시하는 일을 어렵게 하며, 발전하는 평화 또는 내적 침묵으로 나아가는 데 방해가 되기 시작한다. 내적 침묵은 성령을 통하여 존재의 영적 수준 안에 점차적으로 서서히 주입된다)에 의해 기도가 어려워질 때, 거룩한 단어로 되돌아가는 것 외에는 아무것도 하지 않는 것이다.

기도가 끝날 때, 눈을 감고 2-3분간 침묵 속에 머물러 있도록 하라

이제 마지막 지침은 매우 간단하다. 기도가 끝날 때, 우리는 2-3분간 침

묵 속에 머문다. 그래서 이 기도가 그룹으로 행해질 때는, 우리는 그룹의 리더에게 2분여에 걸쳐 주님의 기도를 아주 천천히 외우도록 권고한다. 물론 다른 사람들은 리더와 함께 기도문을 외우지 않는다. 왜냐하면 여럿이 함께 소리 내어 기도하면, 리더가 다른 사람의 속도를 따라가느라 혼란스러워지기 때문이다. 리더만 기도문을 아주 천천히 외워라.

네 가지 지침에 대한 보다 상세한 고찰

하느님께서 내 안에 현존하시고 활동하심에 동의한다는 지향의 상징으로 거룩한 단어를 선택하라.

  1. 지향.

  거룩한 단어는 우리가 하느님 현존 안에 머물면서 이러한 역동적인 하느님의 활동에 승복하겠다는 우리의 지향을 나타낸다. 우리는 승복한다. 즉 그것은 우선 하느님의 활동에 우리를 여는 것이며, 성령께서 선사하시고자 하는 태도를 하느님께서 우리에게 주시도록 하는 데 방해가 되는 것들이 떠나가도록 (최소한 우리 지향으로라도) 놓아두는 것이다. 그 다음에는 잠시 시간을 내어 단어 하나를 선택해야 한다.

  2. 거룩한 단어 선택.

  이제 잠시 침묵 시간을 갖고 눈을 감은 다음, 자신의 내면을 바라보면서, 한두 음절 정도의 거룩한 단어를 제시해달라고 성령께 청한다. 거룩한 단어는 자신에게 편하게 느껴지는 것을 선택하는데, 그것은 상징이나 몸짓으로서, 이 기도 동안에 하느님과 함께하고 하느님의 활동에 완전히 열어드린다는 우리 지향을 나타내는 것이어야 한다.

그래서 우리는 눈을 감은 다음 몇 가지 단어들, 대개는 하느님과 관련된 거룩한 이름들 가운데 하나를 선택하도록 제안한다.

예를 들면, 하느님, 주님, 예수, 아빠, 아버지, 어머니, 아멘, 또는 예, 심지어 전통적으로 신성시된 어떤 단어들을 이용할 수도 있다. 만일 당신이 외국어를 알고 있다면 조금 더 음악적인 단어나 또는 특별히 자신에게 와 닿을 수 있는 언어에서, 예를 들면 'Kyrie'와 같은 단어를 거룩한 단어로 선택할 수 있다.

3. 한두 음절.

비록 한두 음절의 단어를 선택하라고 말했지만, 만일 세 번째 음절이 한 글자일 뿐이라면, 그것이 원칙에 그다지 어긋나지 않는다고 생각한다. 그래서 'Ky'ri-e(키리에)'라는 말은 수세기 동안 사용되어온, 상당히 함축성 있고 심오한 단어로 주님이라는 뜻이다. 또는 'Jesus(지저스)'라는 말 대신, 라틴어 'Ye'su(예수)'를 사용할 수 있다. 더욱 관심을 끄는 것은, 그것이 실제로 예수께서 어린 아이일 때 혹은 어른일 때 불리었던 'Ye'shu-a(예수아)'라는 소리일 수 있다는 것이다. 'Ye'shu-a'는 예수님을 좀 더 편안하게 부를 수 있는 한 방법이다. 'Jesus'는 발음이 좀 강하다. 하지만 이 모든 것은 우리가 그 단어에 얼마나 편안한 느낌을 가지느냐에 달려 있다. 가장 당신 마음에 드는 단어는 무엇인가? 그것이 어쩌면 당신 삶의 이 시점에서 당신에게 가장 적합한 것일지도 모른다. 왜냐하면 거룩한 단어들은 시간이 어느 정도 지나면 몸에 들어와 스스로 말을 시작하기 때문이다. 당신은 'Yes' 대신 'Amen'이라는 용어가 마음에 들 수도 있다.

4. 지향 때문에 거룩한 단어이다.

이제 우리에게 다가오는 사람들 중에는 그리스도교 혹은 모든 종교를 배척하는 사람들도 있다는 점을 인정해야 한다. 그래서 우리가 거룩하다고 생각하는 단어들이 그들에게는 웅성거림에 지나지 않을 수도 있다. 아마 그들은 '예수', '그리스도', '하느님' 같은 단어에 마음이 끌리지 않을 것이다. 그래도 좋다. 한 단어를 선택할 때, 단어 자체의 본래적 의미보다는 우리가 그 단어에 부여하는 의미가 더욱 중요하다. 그래서 평화나 샬롬 같은 단어를 하느님과 함께 있겠다는 우리 지향의 표현으로 선택한다면, 바로 그 지향 때문에 그것은 거룩한 단어가 되는 것이다.

5. 부여하는 의미 때문에 거룩하다.

거룩한 단어는 그 단어의 고유한 의미 때문에 또는 그리스도교 전통 안에서 그것이 차지하는 신성한 위치 때문에 거룩한 것이 아니고, 우리가 그 단어에 부여하는 의미 때문에 거룩한 것이다. 말하자면 우리의 의지가 그것을 거룩하게 만드는 것이고, 혹은 우리의 지향이 이 구체적인 소리를 우리 지향의 적절한 표현으로서 거룩하게 하는 것이다. 그래서 지나가는 생각들 때문에 우리의 지향을 유지하기 어려워질 때, 우리는 편안하고 부드럽게 거룩한 단어로 되돌아갈 수 있고, 그로 인해 하느님과 함께하겠다는 우리의 원래 지향이 재확립된다. 이것이 거룩한 단어가 행하는 전부이다. 거룩한 단어는 우리가 미처 예상치 못한 의미를 지닌 것도 아니고, 우리 심령에 속임수 효과를 내는 것도 아니며, 잠재의식이나 무의식을 깊이 흔들어놓는 것도 아니다. 거룩한 단어는 우리가 거룩한 단어에 부여하는 바로 그 의미를 지닐 뿐이다.

6. 거룩한 단어는 의지가 지향하는 것을 상징한다.

우리가 거룩한 단어에 부여하는 의미는 다음과 같다. 즉, 거룩한 단어는 우리가 이 기도를 하는 동안 하느님과 함께하고 그분께 우리를 열어드리겠다는 우리 의지의 지향을 상징하는 것이다. 그래서 우리가 생각할 수 있는 다른 단어를 선택해도 된다. 예를 들어 고요, 침묵, 믿음, 자비, 사랑, 기쁨, 평화 등등의 단어들이다. 그 외에 이런 몇몇 단어들을 다른 단어로 번역하여 사용할 수도 있다. 예를 들어 사랑을 Love 혹은 Amor로 번역하여 사용할 수 있다.

7. 그 단어만을 사용하라.

이제 자신이 사용할 거룩한 단어를 선택했으면, 이 기도 시간 내내 자신이 선택한 그 단어만을 사용하라. 만일 그렇게 하지 않으면 우리는 또 다른 생각을 하기 때문이다. 예를 들면, "'사랑' 대신 '아멘'으로 되돌아갈까?" 등의 생각을 할 수 있다. 결국 이 기도의 완전한 취지는 사고를 멈추는 것이다.

8. 생각에 관해서 사고하지 않게 된다.

이것은 우리가 아무런 생각도 하지 않으리라는 것을 의미하지 않는다. 여기에는 미묘한 차이가 있다. 우리는 떠오르는 생각들에 대해서 사고하지 않을 것이다. 그래서 우리는 세상 모든 생각이 지나가도록 할 수 있으며, 그것들은 기도를 방해하지 않을 것이다. 다만 우리의 생각이나 느낌들에 대해 사고하기 시작할 때에는 하느님께 온전히 열어드린다는 우리의 원래의 지향이 중단된다. 그래서 우리의 원래의 지향을 재확인하고 우리가 시작했던 그곳으로 되돌아가기 위해서 (그런 사고에 대한) 어떤 반응이 필요하게 된다.

그래서 우리는 이 수련이 우리의 영적 인식을 끊임없이 계발하는 것임을 알 수 있게 된다. 영적 인식이란 우리의 존재의 영적 수준, 지성의 영적 수준(직관), 의지의 영적 수준(하느님께로 향한 의지, 무한한 진리와 무한한 사랑과 무한한 행복으로 자신을 열고자 하는 의지)을 말한다.

9. 열어드림, 열어드림, 열어드림.
그래서 향심 기도를 배우는 첫 단계를 요약하는 훌륭한 단어는 아마도 '열어드림, 열어드림, 열어드림'일 것이다. 이제 잠시 후, 이 '열어드림'은 '하느님께 자신을 맡김'으로 변형될 것이다. 만일 우리가 프랑스 영성에서 유래한 전통적 단어를 받아들일 수 있다면, '승복'이라는 단어를 사용할 수 있다. 여성들이 이 단어에 거부감을 가지고 있다면, 그냥 '맡김'이라고 하든가 다른 적절한 단어를 선택하라. 그러나 중요한 것은 그 정신이다. 하느님의 사랑은 완전한 자기 증여이며, 이것은 비개념적인 기도의 과정을 통해서, 특별히 향심 기도와 같은 수용적인 기도를 통해서, 우리 자신이 서서히 거기에 잠겨들도록 초대받고 있는 사랑의 흐름이다. 이제 두 번째 지침, '편안하게 앉아 눈을 감고'에 대해 이야기해보자.

편안하게 앉아 눈을 감고, 잠시 마음을 가라앉힌 다음, 하느님께서 내 안에 현존하시고 활동하심에 동의한다는 지향의 상징으로 거룩한 단어를 부드럽게 도입하라
우리는 우리 몸이 얼마나 불편한가에 대해서 생각할 필요가 없을 정도로 편안하게 앉는다. 왜냐하면 우리는 기도 동안에 모든 형태의 생각이나 인상들이 떠나가도록 놓아두고자 노력하기 때문이다.

1. 외부 환경이 떠나가도록 놓아둔다.

우리는 앉아서 눈을 감고 외적 세계가 떠나가도록 놓아두고 이러저러한 것에 대해 생각하는 내적 세계도 떠나가도록 놓아둔다. 그래서 눈을 감는 것은 우리의 내적 세계에서 일어나고 있는 어떠한 것에 대해서든지 내면의 눈을 감는 것이기도 하다. 우리는 함께하는 사람들과의 연대를 멈추지 않는다. 실제로 이 모든 움직임은 예수의 속량적 태도로 세상의 고통과 기쁨 그리고 욕구들을 함께 나누는 파스카 신비 속으로 잠겨든다는 의미를 내포한다.

그래서 우리의 기도는 하느님께서 원하시는 모든 것을 위한 암묵적 기도이며, 이름을 들먹이지 않아도 무엇인가를 필요로 하는 모든 사람들을 위한 암묵적 기도이다. 우리는 단지 약 30분 정도 하루에 두 번 기도하도록 권할 뿐이다. 만일 우리가 다른 사람을 위해서 또는 우리가 좋아하는 어떤 일들을 위해 기도하고 싶다면, 또는 다른 형태의 기도를 하고 싶다면 남은 23시간을 활용해보자.

2. 새로운 시각.

향심 기도는 다른 기도를 못하게 하는 것이 아니라, 그런 기도들을 새로운 시각으로, 더 깊은 의미로 바라보게 한다. 그래서 우리는 그 모든 기도들을 어떤 통일된 시각으로 바라본다. 이 통일된 시각이란 그 모든 기도들이 각기 나름대로의 방식을 가지고, 우리 자신과 다른 모든 사람들 안에 그리고 온 우주에 걸쳐 편재해 계시는 하느님 현존에 대한 더욱 깊은 인식으로 나아가고 있다는 것이다.

3. 거룩한 단어를 바꾸지 않는다.

그래서 거룩한 단어를 선택했으면, 우리는 그것을 바꾸지 않는다. 처음

며칠간은 두서너 단어를 시도해볼 수 있지만, 한 단어를 정해서 그것만 고집하는 것이 중요하다. 왜냐하면 그것이 결국 우리의 심령 속에 더욱 깊이 뿌리내리게 될 것이기 때문이다. 이제 우리에게 가장 중요한 세 번째 지침에 대해서 살펴보자.

생각을 알아차릴 때, 거룩한 단어로 아주 부드럽게 되돌아가라.

1. 생각은 기도의 일부이다.

우리는 생각이 피할 수 없는 것이고 필연적인 요소라고 말했다. 달리 말하면, 그것은 기도의 일부이고, 현재의 영적 수준에서 경험으로 알고 있는 한 그것들은 필연적인 요소이다. 왜냐하면 우리의 생각들은 무의식에서 기인한 것일 수 있고, 성령께서 신성한 치료자로서 일하시는 치유 과정의 일부가 될 수 있기 때문이다. 그리고 무의식을 치유하는 방법들 중 하나는, 특별히 기도 중에, 그리고 그 후 때때로 기도 시간 외에도, 느낌과 생각들이 표면으로 떠오르게 놓아두는 것이다. 은총의 자유로운 흐름을 방해하는 것들은, 엄밀히 말하자면 무의식 속에 있는 프로그램 또는 심리학에서 '무의식의 힘'이라고 부르는 것이며, 그것들은 성령에 의해 다루어져야 하고 주의 역시 기울여야 한다. 우리는 기도 안에서 그리고 그것들이 일상에 끼친 결과 안에서 그것들이 떠나가도록 놓아두어야 한다. 그리하여 우리는 향심 기도가 우리의 전 인생을 포함한다는 점을 즉시 알 수 있게 된다. 그 효과(열매)를 일상생활로 가져오는 활동은 우리가 매일 기도로 보내는 시간만큼 중요한 요소라고 할 만하다.

2. 생각은 향심 기도의 정상적인 부분.

생각들은 향심 기도를 하는 동안 정상적으로 일어날 수 있는 부분이다.

그러므로 기꺼이 임하는 자세가 도움이 된다. 만일 우리가 사랑하는 누군가와 고층 아파트에서 깊은 대화를 하고 있다고 가정해보자. 만일 창문이 열려 있고 차들이 지나간다면, 우리는 시끄러운 소리를 멈추게 할 수가 없다. 그때 갑자기 거리에서 자동차 충돌 소리가 들리고 요란한 소리가 들리면 우리는 자연스레 무슨 일이 일어났는지 알아보고 싶은 호기심이 생긴다.

이것은 관심을 끄는 생각들('배'라고 하자)이 의식의 강을 따라 내려오고, 우리가 그것들에 눈길을 돌리고 싶어질 때 일어나는 현상이다. 우리의 주의와 관심이 그것으로 향하기 시작할 때, 또는 무슨 사고가 났는지 보려고 창문으로 다가가기 시작할 때, 갑자기 다음과 같은 생각이 떠오를 것이다. '아니 내가 지금 무엇을 하고 있지? 나는 지금 이토록 정답게 마음을 터놓고 대화를 나누고 있는데… 관심 없어. 지금은 밖에서 무슨 일이 일어났는지 보러갈 때가 아니야.' 그래서 애초에 둘이 나누던 다정한 대화를 다시 강화하고 재확인하고 싶어한다. 그렇다면 이제 어떻게 해야 하는가? 우리는 다소 방해받은 대화를 재개하려는 어떤 몸짓을 취하거나, 미안하다고 하거나, 아니면 "내가 말하던 대로…"라고 말할 수도 있다.

3. 시장바닥의 소음처럼.

이럴 때 거룩한 단어가 우리에게 필요하다. 우리가 거룩한 단어로 되돌아가기 위해 무엇인가 할 필요가 있을 때는, 바로 우리의 기본적인 지향에서 벗어나서 우리가 집착하거나 혐오감을 가지게 되는 생각들을 주시하기 시작할 때다. 그러나 만일 생각들이 시장바닥의 소음처럼 그저 지나갈 뿐이며, 우리가 그 소음에 관심을 주지 않고, 생각이 일어나는 것을 단지 어렴풋이 알아차릴 뿐이라면, 거룩한 단어로 되돌아갈 필요가 없다. 왜냐하면 우리는 거룩한 단어가 의도하는 그 지점에 이미 와 있기 때문이다. 그것은 가장 깊은 수준에서 우리 내면의 하느님 현존에 머무름이고, 그 현존으로 되돌아감이며, 그 현존 안에서 쉼이다.

의식의 강에 대한 설명

일상적 인식 수준

여기서 우리의 의식 수준들을 하나의 강에 비유하여 설명해보자. 기도 시간 동안 우리가 경험하는 의식의 흐름, 이것은 우리의 일상적인 인식이다. 그리고 여기 지나가는 몇 척의 배가 있는데, 이 배들은 생각과 느낌과 영상 등을 표상하는 것이다. 대개 그것들은 함대를 이루고 있다. 때로는 모든 함대가 대포를 있는 대로 쏘아대면서 강 아래로 흘러내려가고 있는 것처럼 보이기도 한다. 그래서 우리의 체험이 무엇이든지 간에, 이 수준에서 지나가는 모든 것들은 생각이 된다. 이것이 일상적 인식의 수준이다.

영적 인식 수준

일상적 인식 수준보다 더 깊은 수준을 영적 인식 수준이라고 한다. 이 영적 인식 수준은 우리의 영적 체험이 절정에 달하거나, 우리 인생의 어떤 순간에 접하게 되는 충격적인 사건이나 비극적인 사건 내지는 또 다른 어떤 것들이 우리를 그곳으로 데려갈 때를 제외하고는, 실제로 대부분 알아차리지 못하는 인식 수준이다. 그래서 우리는 우리의 모든 생각들과 기능들이 그 위에서 휴식을 취하는 이른바 '강 그 자체'는 거의 알아차리지 못한다. 그리하여 우리는 사건과 사람들이라는 대상에 의해서, 그리고 그것에 대한 정서적 반응들에 의해서, 우리의 일상적 심리적 생활에 마음을 빼앗기거나 지배당한다.

참 자아의 수준으로 더욱 깊이 움직여간다

그렇다면, 향심 기도의 목적은 일상적 수준에서 영적 수준으로 나아가는 것이다. 좀 더 확실히 말하면, 인간에게는 그보다 더 깊은 심연이 있기 때문에, 일상적 수준과 영적 수준에서 멈추지 않고, 참 자아의 수준을 향하여 더욱 깊은 곳으로 나아가는 것이다. 그곳(참 자아)에서 우리는 하느님의 생명과, 우리가 존재하는 모든 수준의 원천이 되시는 하느님 현존 그 자체에 참여하는 것이다. 그것은 우리의 인식을 일깨워 관상 기도나 향심 기도의 궁극 목표인 이 현존에 가까이 다가가게 한다.

그러나 거기에 도달하기 위해서 우리는 영적 수준을 통과해야 하고, 참 자아를 깨닫고 하느님께서 우리와 함께 나누기를 원하시는 하느님의 궁극적이고도 신성한 현존을 깨달아야 한다. 그것은 완전히 새로운 생명이고, 변형된 삶이며, 바로 복음이 우리를 초대하는 것인데, 특별히 요한 복음에서 예수님은 당신 자신이 성부와 함께 성령 안에서 체험하는 것과 똑같은 일치와 합일로 우리를 초대하신다.

특별한 수준을 깨우친다

따라서, 이것을 또 관계로서의 기도라는 시각에서 본다면 그만큼 아주 중요해진다. 이 수준에서 행하는 많은 기도들이 있다(소리 기도, 묵상, 성무일도, 성사들). 그런데 이 각각의 기도, 특히 성사들은 깊은 신비를 담고 있거나 신비적 가르침을 지니고 있어서, 교회의 상징들을 이 수준에서 이해할 수 있도록 우리를 돕는다. 바로 이 수준에서 그 기도들이나 성사들이 변형되고, 그 의미가 훨씬 더 강해지며, 보다 매력적이고, 보다 인격적이며(직접적이며), 동시에 우리가 은총 안에서 유사한 체험을 하고 있는 다른 모든 사람들과 연대를 형성하게 된다. 그리고 무엇보다도 향심 기도는 훨씬 더 깊은 침묵에 다가가게 하는 준비로서, 이 특별한 수준을 깨우치는 데 기여한다. 특별한 수준을 깨우치는 일은 신비 생활 안에서 다양한 단계의 관상 기도로 이루어진다.

복습

앞장에서 우리는 믿음, 희망, 사랑 안에서 행하는 훈련인 향심 기도의 세 가지 성향에 대해서 배웠다. 그리고 우리는 기도를 위한 기초가 되는 세 가지 신학적 원칙에 대해 고찰하였다. 그리스도 안에서, 그리스도에 의한 변형에 대해서 언급했다. 우리는 기도할 때 혼자가 아니라는 것도 배웠다. 우리는 암묵적으로 기도 안에서 온 인류와 함께하는 것이다. 우리가 위로를 느끼면, 이 위로가 온 인류를 위한 것임을 안다. 우리가 무의식의 짐을 덜어낼 때, 우리는 그리스도의 수난에 참여하고 있다는 것을 이해한다. 우리는 변형이 신심 활동과 다르다는 것을 배웠다. 기도는 하느님의 내주를 수반하는, 보다 충만한 삶 속으로 들어가는 것이다. 의지는 하느님께로 향해 나아가기 시작한다. 성령은 우리 안에서 기도하시기 시작한다. 향심 기도는 오랜 세월 동안 그리스도교 전통 안에서 존중되어왔던 기도에 붙여진 새로운 이름이다.

향심 기도 방법 (1): 성찰을 위한 질문들

1) "방법으로서의 향심 기도는 동시에 두 가지이다." 이 두 가지는 무엇인가?
2) 기도에서 '관계'라는 측면이 어째서 '방법'의 측면보다 우선하는가?
3) 생각에 대해 우리가 취해야 할 태도는 어떤 것인가?
4) 생각이라는 용어는 어떤 방식으로 포괄적인 용어가 되는가?
5) 이 기도는 왜 완전히 비폭력적인 기도라 불리는가?
6) 거룩한 단어가 나타내는 것은 무엇인가?
7) 이 수련이 어떻게 '끊임없이 우리의 영적 인식을 계발하는 것'인가?
8) 어떤 '사랑의 흐름'이 우리를 초대하여, 우리 자신이 거기에 서서히

잠겨들도록 하는가?

9) "향심 기도는 다른 종류의 기도들을 못하게 하는 것이 아니라, 그런 기도들을 새로운 시각으로 바라보게 한다"는 문장을 설명하라.

10) 생각들은 어떻게 불가피하며 필연적인 것이 되는가?

11) 기도의 안팎에서 치유하는 역동적 움직임은 어떻게 이루어지는가?

12) 은총의 자유로운 흐름을 방해하는 것은 무엇인가?

13) 하느님께서는 우리와 함께 무엇을 나누길 원하시는가?

14) 향심 기도가 어떻게 영적 수준을 '일깨우는 것'이 되는가?

예습

우리는 마지막 강의에서 '지향'의 중요성을 다시 배울 것이다. 우리는 기도의 주요 효과들은 일상 생활에서 느껴지게 된다는 것을 배울 것이다. 우리는 무의식의 짐을 덜어내는 힘을 고찰할 것이다.

향심 기도 전에 읽을 내용

하느님께서 우리 이름을 부르시는 소리를 우리가 듣는다는 것은 하느님께서 우리의 모든 것을 안팎으로 샅샅이 알고 계시지만 여전히 우리를 사랑하신다는 사실을 우리의 가장 깊은 존재 속에서 확고부동한 신념으로 깨닫는다는 것이다. 하느님께서 우리를 사랑하신다는 내적 확신을 심어주실 때 비로소 우리 이름을 불러주신다. 그리고 이 확신은 우리의 육체와 영혼과 영을 포함한 우리 존재 구석구석까지 파고든다.

6. 향심 기도 방법 (2)

지난 강의에서 우리는 향심 기도의 네 가지 지침을 상세히 살펴보았다. 그리고 이번 강의에서 살펴보는 내용들은 향심 기도 20분 동안 우리가 지켜야 할 사항들이다. 여기서는 단지 그것들에 대해서 설명하고 있을 뿐이며, 우리가 20분 내내 그렇게 행해야 된다는 뜻은 아니다.

거룩한 단어를 도입한다

지금 앉아 있는 그 의자에 그대로 편안히 앉아 있어라. 그리고 눈을 감고 자신이 몸담고 있는 주변 상황들이 떠나가도록 천천히 놓아두어라. 내면의 중대한 관심사나 생각, 심지어 내가 방금 말하고 있었던 것마저도 떠나가도록 놓아두어라. 그리고는 10-15초 동안은 마치 잠을 자려고 하는 것처럼 그저 아무것도 하지 마라. 말하자면, 어떤 관심사에 대해서도 마음을 비워라. 마음이 고요해지면 선택한 거룩한 단어를 아주 부드럽게 떠올리고, 그것을 몇 번 반복하라. 그러나 언제나 아주 평온하게 하라. 그것을 빠르게 되풀이하지는 마라. 거룩한 단어를 정확하게 발음하려고 애쓰지도 마라. 하느님께 그리고 하느님께서 사랑하시고 포옹해주시는 활동으로 자신을 온전히 열어젖힌 채, 이 시간을 보내겠다는 우리 지향의 표현으로서, 거룩한 단어가 우리

의식의 지평 위에 아주 부드럽게 내려앉도록 하라.

거룩한 단어로 되돌아가라

생각이 의식의 강을 따라 내려오고, 그것들이 어느 정도 우리 주의를 끌거나 불쾌감을 주게 되어 우리가 다소 혐오감을 느끼게 되면, 다시 한 번 아주 부드럽게, 아주 부드럽게 거룩한 단어로 되돌아가라. 부드러운 솜털 위에 가벼운 새 깃털 하나를 얹듯이, 혹은 풀잎 위에 이슬방울이 내려앉는 듯한 부드러움으로, 생각을 밀어내려는 어떤 노력도 기울이지 말고, 거룩한 단어로 되돌아가라. 이러한 행위는 단지 지나가는 어떠한 것도 받아들이면서 우리 의지의 근본 지향을 암시할 뿐이다.

지향의 표현

우리는 이렇게 해서 이룰 수 있는 것이 아무것도 없다고 생각할 수 있지만, 지향에는 엄청난 힘이 있다. 사람들이 결혼식 때 행했던 것(*역주: 주례자와 하객들 앞에서 배우자에게 행한 서약)을 생각해보라. "예, 그렇게 하겠습니다." 그것은 지향의 표현이다. 그것이 그들의 인생을 바꾸어놓았다. 그들이 이와 같이 지향을 표현한다고 해서 반드시 잘 살게 된다는 것은 아니지만, 이는 어떤 효력을 발휘한다. 말하자면 그 이후로 모든 사람은 그 지향을 표현한 사람들을 결혼한 사람으로 간주한다.

또 다른 예로, 사제가 성찬 전례 중에 "이것은 내 몸이다"라고 말할 때,

바로 그 말씀에서 놀라운 힘이 생긴다. 우리는 바로 그 순간 부활하신 그리스도께서 현존하시게 된다는 것을 믿는다. 따라서 지향을 얕잡아 보아서는 안 된다. 사실 이 기도에서는 지향이 모든 것이다. 지향이 바로 기도를 기도답게 만드는 것이다. 지향이 없는 기도는 없으며 지향이 없다면 그것은 단지 정신수련일 뿐이다.

조용하고 부드럽게 기도를 마무리한다

이제 고요와 침묵 속으로 잠겨 들어가서 앞서 말한 방법으로 약 20분간 명상의 시간을 가졌다고 하자. 만일 그룹을 지어 기도한다면 리더가 시간을 잰다. 그러나 혼자서 기도를 한다면 타이머나 시계를 사용해야 하는데, 그것은 아주 조용한 것이나 요란한 소리를 내지 않는 것이어야 한다. 심지어 어떤 사람들은 음악을 사용하기도 한다(먼저 음악을 튼다. 그리고 음악 소리는 점점 줄어든다. 그 다음 20분간 기도 시간이 지나고 또 음악이 조용하게 들리기 시작한다). 그러나 충격적이거나 소리가 너무 큰 음악은 사용하지 마라. 왜냐하면 그런 음악은 신경계를 자극하고 우리를 짜증나게 하기 때문이다. 우리는 정신의 이런 수준을 소중히 여기고 이해하며 부드럽게 다루어야 한다. 바로 이 때문에 우리가 침묵에서 빠져나오기 위해서, 즉 일상적인 사고 방식에 다시 익숙해지도록 준비 시간을 주기 위해서, 그리고 아마도 어떤 종류의 내적 침묵을 우리가 하루 종일 매달려 있는 활동으로 옮겨갈 수 있는 준비 시간을 주기 위해서 2분 정도를 할애하는 것이다.

마침 기도를 아주 부드럽게 암송하라

그래서 이제 기도 시간이 거의 끝날 때가 되었다고 하자. 소 기도 모임의 리더가 우리를 침묵에서 바깥 세계로 데려오기 위해, 주님의 기도를 암송한다고 하자. 깊은 침묵 상태에 잠겨 있는 사람을 방해하지 않도록, 리더는 그것을 아주 부드럽게 암송하라. "하늘에 계신 … 우리 아버지 … 아멘" 그리고 서서히 눈을 뜬다.

사람들에게 잠시 얼마간의 시간을 준다

그리고 리더는 사람들이 일상의 생각으로 되돌아오는 데 필요한 몇 분간의 시간을 준다. 그 다음 리더는 원한다면, 이 시간 동안 사람들에게 서로의 체험을 나누도록 요청할 수 있다. 이렇게 하는 데 한 가지 방법만 있는 것은 아니다. 또는 처음에는 말하고 싶지 않았던 어떤 것을 이제는 덧붙이고 싶을지도 모른다. 왜냐하면 시작 단계에서는 사람들의 사고 기제에 부담을 주어 그들이 기도를 위해 침잠하는 데 힘겨운 시간을 갖게 되는 것을 원하지 않았기 때문이다.

20분간, 하루에 두 번

달리 말해, 사람들이 가능한 한 빨리 기도 체험을 갖도록 하기 위해서는, 처음 원칙을 제시하는 데 있어서 엄격한 제한을 두는 것이 좋다. 하지만 상세하게 네 가지 지침을 검토해볼 수 있는 정도의 적당한 지식을 지니고 있으면 도움이 될 수 있다. 그래서 그룹으로 기도한 후 그룹 봉사자는 30분 정도의 시간을 내어 질의 응답을 통해 사람들에게 다른 몇몇 이야기들을 할 수 있다. 최소한 20분 이상씩 하루에 두 번(아침에 한 번, 그리고 하루 중에서 중간 나절쯤 한 번) 기도해야 한다고 이 시간을 이용해 말할 수 있다.

일상 생활에서

우리는 향심 기도의 주된 효과는 기도 시간 동안이 아니라 일상 생활 가운데 체험된다는 것을 명심해야 한다. 우리는 좀 더 마음이 평안해지거나 아니면 애들을 전보다 부드럽게 대하고 있다는 것을 알아차리게 될 것이다. 또 어떤 사람은 당신에게 "무슨 일이야?"라고 말하게 될 것이다. 우리와 함께 사는 사람들이 우리가 향상되고 있다고 생각한다면, 그것은 사실일 것이다. 왜냐하면 다른 사람들은 우리의 변화를 결코 믿을 것 같지 않은 사람들이기 때문이다. 우리는 자신이 향상되고 있다는 사실을 전혀 알아차리지 못할지도 모르며, 바로 이 점 때문에 우리에 대한 사람들의 반응을 귀담아 들어야 한다.

모든 활동이 떠나가도록 놓아두는 것

식사 바로 후에는 기도하지 않는 것이 좋다. 왜냐하면 그때는 우리 몸이 소화를 시키느라 바쁘게 에너지를 끌어올리는 시간일 것이기 때문이다.

반면에, 그 기도의 본질은 하느님의 현존 안에서 마음을 한껏 열어젖히고 고요히 머무르기 위해서, 심리적인 활동을 포함한 모든 활동이 떠나가도록 놓아두는 것이다. 또한 어떤 사람들은 너무 늦은 밤에는 기도를 잘 하지 못한다. 왜냐하면 기도가 시작될 때, 기도는 우리 몸 안에 있는 에너지를 얼마간 방출하기 때문이다. 그리고 우리는 무의식을 중요하게 다루어야 한다. 무의식 안에는 우리가 아주 고요히 있을 때 떠오르게 되는 수많은 에너지가 있다. 참 이상하게도, 사고라는 것은 맨홀 뚜껑과 같아서 무의식을 어느 정도 덮어버린다.

적합한 시간을 찾는다

그러나 우리가 사고를 멈추게 되면, 우리는 무의식에 대한 저항이 약해지며, 무의식의 긍정적인 에너지와 부정적인 에너지 양쪽이 모두 올라오기 시작하는 것 같다. 이것들 중에는 아주 분명히 나타나는 에너지가 있다. 그래서 우리가 잠자기 바로 전에 기도를 하면, 두세 시간 동안 잠을 잔 후에 잠에서 번쩍 깨어날 수도 있다. 아니면, 여러 시간 동안 깨어 있는 채로 지새울 수도 있다. 하지만 어떤 사람에게는 이것이 괴로운 일이 아닐 수 있다. 한밤중에 기도하기를 좋아하는 사람도 있다. 그들은 밤 12시쯤 깨어 기도하고 난 다음 잠자리에 드는 방법을 계발한다. 그래서 모든 사람은 각자 스스로 기도하기에 적합한 시간과 적당한 장소를 알아내는 데 있어서 독창적이어야 한다.

집안에 평화를

그리고 우리 가족과 다른 의무 사항들 역시 고려해야 한다. 우리가 기나 긴 하루를 마치고 집에 돌아온 후, 자녀들이 품에 막 달려들려 할 때, 아내나 남편이 목을 끌어안으며 "온종일 당신을 기다렸어요"라고 할 때, "저리 비켜. 기도하러 지하실로 갈 거야. 아무도 나를 방해하지 않았으면 좋겠어"라고 말할 수는 없을 것이다. 이런 일이 일어나서는 안 된다. 성령께서는 우리가 함께 살고 있는 사람은 누구든지 존중하기를 바라신다. 가정의 평화가 기도 시간보다 우선이다. 가족과 떨어져 혼자서 기도하는 것을 반대하는 사람들을 불편하게 하지 않을 적당한 시간을 찾아내는 것은 전적으로 우리에게 달렸다. 우리의 이런 모습들에 가족들이 익숙해지기까지는 시간이 좀 걸릴 것이다. 처음에 가족들은 그런 행동들을 믿지 않을 것이다. 그러나 우리가 향상되고 있음을 알아차리게 되면, 그들은 우리가 기도 수련을 잘 하기를 바랄 것이다. 그래서 그들은 "제발, 가서 기도하는 시간을 가지세요"라고 말할 것이다.

신체적 증상

향심 기도를 하는 처음 몇 번 동안, 우리는 몇 가지 놀라운 신체적 증상을 알아차리게 될지도 모른다. 그것은 신체 어느 부분에서 약간의 아픔을 느낀다든지, 가려움이나 경련, 혹은 작은 반점 같은 것들이다. 이것은 단지 우리의 인식의 표면 가까이에 자리한, 어린 시절부터 신체 안에 저장된 어떤 작은 정서적 응어리일 뿐이며, 그 응어리를 풀기 위해서는 이와 같은 아주 충분한 휴식을 가져야 한다. 그래서 그것은 약간의 불편함으로 나타난다. 우리가 그러한 불편함에 대해 잠시 동안 우리 주의가 그냥 흘러가도록 놔둔다면, 그것은 대개 사라지고 만다.

창고

물론 그것이 기도 시간 내내 지속된다면, 우리는 의사의 진찰을 받아보거나 어떤 조치를 취할 필요가 있을지도 모른다. 그러나 마음에 새겨야 할 원칙 중 하나는, 신체란 소화되지 않은 정서적 자료나 처리되지 않은 정서들의 창고, 즉 처리되지 않은 슬픔이 잠재되어 있는 장소라는 것이다. 우리는 마사지로 몸을 풀어줄 수도 있다. 그리고 때로는 과거에 있었던 사건에 대한 기억을 되찾을 수 있기도 하다. 그러나 이 기도 중의 대부분은 단지 가볍게 덜어내는 일을 할 뿐이다. 신체 표면 가까이에 있는 응어리를 가볍게 풀어주는 정도이다. 따라서 그것들에 주의를 기울이지 않는 게 더 좋으며 그것들은 몇 분 지나면 곧 사라질 것이다.

특수한 상황

"우리를 괴롭히고 있는 그곳에 주의가 흘러가도록 내버려두어라"라는 문장을 주목하라. 이렇게 하는 것은 지침을 거스르는 것이다. 왜냐하면 그것은 하나의 생각이며, 그때 우리는 평소 지침대로 되돌아가려 할 것이기 때문이다. 그래서 우리는 그것들을 '지침'이라고 부르는 것이다. 정상적인 상황에서라면 그렇게 하는 것이 가장 올바른 행위이기 때문에 우리는 향심 기도 중 대개는 그런 방식으로 행하는 것이다. 그러나 정상적이지 않은 상황도 있다. 그래서 그런 경우에 우리는 상식을 이용해서 그 상황에 맞추어 적응해야만 한다. 이런 경우 중 하나는, 우리가 매우 졸려서 머리를 계속 끄덕대는 때이다. 이럴 때는 규칙과는 다르게 눈을 뜨고, 바닥을 바라보면서 완전히 잠에서 깨어나도록 하는 편이 훨씬 더 좋다. 그러고 난 후에 다시 시작하라.

거꾸로 가고 있다는 생각이 들 경우

상황에 맞추어 적응하기 위해 우리가 융통성과 자유로운 태도를 생각해내는 것이 도움이 되는 또 다른 경우는, 무의식의 짐을 덜어내면서 매우 고통스러운 기억이나 아주 원시적인 정서를 수반하는 때이다. 대개 이러한 일은 기도 생활이 더 진보된 사람들에게 일어난다. 그들은 자신이 거꾸로 가고 있다고 생각할 수도 있지만, 사실은 본격적으로 깊은 치료를 시작하고 있는 것이다. 우리가 여기서 다루는 것은 때때로 발생하는 매우 격렬한 정서적 인식으로서 최근에 있었던 일과는 무관한 것인데, 이른바 '무의식의 짐을 덜어냄'이라는 것이다. 그것은 우리 몸이 아주 충분한 휴식을 취함으로써 건강을 위해 타고난 능력을 발휘할 수 있게 되고, 해로운 것을 비워내기 시작할 수 있게 되는 것을 말한다. 이는 마치 신체적 육신이 물질적인 요소나 독소나 폐기물을 비워내는 것과 같다.

그래서 심리적으로 비워내는 과정이 있게 되는데, 이것은 방어기제와 억압과 사고의 방해를 받는다. (향심 기도의 수준에서 볼 때) 사고한다는 것은 삶의 진정한 문제를 직면하지 못하게 하는 이상한 버릇이다. 이것은 우리가 어떤 면에서 사고하지 않으리라는 것을 의미하는 것이 아니라 끊임없는 내적 대화가 무의식을 차단하는 하나의 보호벽과 같다는 것을 뜻한다.

신체에 귀 기울인다

이것을 하루에 두 번 규칙적으로 수행하게 되면 우리는 점차 좀 더 신체에 귀를 기울이는 습관을 발전시키게 된다. 그리고 틀림없이 신체는 그 속에 무엇이 있는가를 우리에게 말하기 시작한다. 신체 속에 있는 것은 믿기 어려울 정도로 그 자리를 지키면서, 처리되기를 기다리고 있다. 다음의 예가 이 같은 경우 중 하나다. 이러한 상태에 이르게 되면 우리는 거룩한 단어로 되돌아갈 수도 없다. 때로 너무 강렬한 원시적 정서의 소용돌이가 급습하게 되면 우리는 그것(*역주: 거룩한 단어)을 알아차릴 수도 없다. 그것은 폭풍 속의 부표와 같아서 그 소용돌이 속에 파묻혀 있는 것이다.

그래서 만일 우리가 거룩한 단어로 되돌아갈 수 없다면, 그 대신에 괴로운 상황과 원시적인 정서를 하느님께 자신을 열고 그것을 하느님과 함께 있겠다는 우리 지향의 일시적인 상징으로 삼는 것이 좋다. 폭풍이 지나가고 난 다음에 우리는 거룩한 단어에 귀를 기울이는 평소의 수련으로 되돌아간다. 그리고 우리가 상황에 맞추어야 하는 또 다른 예들도 있을 수 있다.

지원 체계의 필요성

결국, 이와 같이 심오한 수련은 어떤 지원 체계를 필요로 한다. 그러한 모임에서 우리는 함께 이야기를 나눌 사람들을 만나게 되는데, 그 사람들은 우리와 비슷한 경험을 했거나 경험을 하고 있는 사람들이다. 이로써 기도하면서 오랫동안 권태나 메마름을 겪고 있는 사람에게 기운을 북돋우고, 그룹이나 믿을 만한 어떤 영적 자료에서 더 자세한 정보를 제공받을 기회를 가질 수 있게 된다.

42가지 원칙

만일 기도 단체가 결성되고, 적극적으로 노력하는 사람이 있으면, 그들에게 다음과 같이 말할 수 있다. "여러분 단체는 함께 모여 앉아서 한 주일에 『마음을 열고 가슴을 열고』 중에서 한 장을 읽고 그것에 대해 토론한 후, 기도를 하고 집으로 돌아가시오." 총 13장으로 이루어진 그 책의 마지막 장에서는 제2차 바티칸 공의회 이후의 신학에 대한 종합적인 내용이 대략 42가지 개별 원칙으로 나타나 있다. 그룹 안에서 그러한 원칙들을 함께 묵상하는 것도 좋은 효과를 거두게 된다.

우리는 변한다

우리가 향심 기도의 핵심이 무엇인지를 알고 싶다면, 몇 번이고 되풀이해서 똑같은 내용을 들어야만 한다. 사실 관상 기도의 가르침은 바로 이런 단순 반복의 방식으로 행해진다. 기도를 지도하는 사람은 똑같은 것을 몇 번이고 되풀이해서 말하며, 결국 우리는 금방이라도 소리를 지를 정도가 된다.

그러나 너무 심하게 반발하지 않는다면 우리는 끊임없이 새로운 무엇인가를, 그리고 어떤 새로운 뉘앙스를 배우고 그것을 듣지 못하게 하는 장애물이 우리 안에 있다는 것을 깨닫게 될 것이다. 달리 표현한다면, 동일한 질료는 변하지 않지만 우리는 변한다. 그리고 우리가 변함에 따라, 우리는 더 깊은 수준에서 그것을 듣게 되고, 그렇기 때문에 그것이 매우 단순하고 소박한 교수 방식이라는 것이다. 그래서 관상 기도는 보통 연예인이나 말 잘하는 사람에게는 적합한 소명은 아니라고 하겠다.

복습

지난번 강의에서 우리는 향심 기도란 하느님과의 관계이자 그 관계를 촉진시키는 훈련이라고 배웠다. 그것은 추리적 묵상과 렉시오의 사색적 부분을 넘어서서 하느님 안에서 단순한 쉼으로 움직여 간다.

이 기도를 올바르게 하지 않는다는 식의 말은 있을 수 없다. 우리가 실수할 수 있는 경우들이 아무리 많다 해도 하느님께서는 우리의 지향을 존중하시기 때문이다. 그래서 이 기도에서 중요한 것은 '그저 기도를 하는 것이다'. 우리가 해야 할 중요한 일은 우리 자신을 하느님 안에 온전히 내맡김에로 변형되도록 여는 것이다.

하느님의 사랑은 온전히 자신을 내어주는 것이기에 우리는 우리 자신을 온전히 내어드리도록 초대 받고 있다. 우리는 예수님의 속량적 태도와 파스카 신비 안으로 우리 자신을 잠겨들게 한다. 이러한 점에서 우리의 기도는 하느님께서 원하시는 모든 것을 위한 암묵적인 기도이다.

이 기도 안에서 신성한 치료사는 하느님과의 더 밀접한 일치를 방해하는 우리의 무의식 안에 있는 프로그램들을 치유하기 위해 일하신다. 이 기도는 신적인 생명과 현존에 참여하는 참 자아의 가장 깊은 수준으로 우리를 옮겨 간다.

향심 기도 방법 (2): 성찰을 위한 질문

1) 이 기도에서는 지향이 왜 그렇게 강력한 힘을 가지는가?
2) 기도의 주된 효과는 언제 느껴지는가?
3) '사고'는 어떻게 해서, 맨홀 뚜껑과 같이, 무의식을 덮고 있는가?
4) 가장 깊은 수준에서 우리를 치유시키는 '무의식의 짐을 덜어냄'의 역동

성에 대해 기술하라.
5) 관상 기도 가르침을 왜 반복적으로 행하여야 하는가?

향심 기도 전에 읽을 내용

우리는 우리 안에서 숨결보다 더 가깝고, 생각보다 더 가까우며, 선택보다 더 가깝고, 의식 그 자체보다 더 가까이 계심을 믿음으로써 알고 있는 그 절대 신비에 우리의 인식을 열어드린다. 그 절대 신비는 우리의 존재가 뿌리를 내리고 있는 토대이며, 매 순간 우리의 생명이 솟아나는 원천이다.

− 토마스 키팅 −

그리스도의 십자가를 끌어안는다는 것은 고정된 판단 기준으로서의 자신을 기꺼이 뒤로 남겨둔다는 것이다. 그것은 모든 분열에 대해, 심지어 변형된 자신에 대해서조차 죽는 것이다. 그것은 하느님과 하나가 되는 것이며, 단지 그것을 경험만 하고 있는 것은 아니다.

−『그리스도의 신비』, 토마스 키팅 −